Manuela Georgiakaki
Anja Schümann
Christiane Seuthe

A 2.2

# Beste Freunde

## DEUTSCH FÜR JUGENDLICHE

### Arbeitsbuch

Hueber Verlag

CD-ROM zum Arbeitsbuch (Audio-Teil):
Audio-Produktion: Tonstudio Langer, Ismaning
Sprecher: Melina Cosentino, Jaël Kahlenberg, Oscar Andersson,
Anna Pichler, Emil Rebhan, Noa Soffner, Dascha Poisel, Jakob Riedl

Beratung:
PD Dr. habil. Marion Grein, Johannes Gutenberg-Universität Mainz

5.  4.  3.              Die letzten Ziffern
2020  19  18  17  16   bezeichnen Zahl und Jahr des Druckes.
Alle Drucke dieser Auflage können, da unverändert,
nebeneinander benutzt werden.
1. Auflage
© 2015 Hueber Verlag GmbH & Co. KG, München, Deutschland
Umschlaggestaltung: Sieveking · Agentur für Kommunikation, München und Berlin
Fotoproduktion: Iciar Caso, Hueber Verlag, München
Fotos: Hueber Verlag / Alexander Keller
Zeichnungen: Hueber Verlag / Monika Horstmann
Layout und Satz: Sieveking · Agentur für Kommunikation, München und Berlin
Verlagsredaktion: Julia Guess, Anna Hila, Silke Hilpert
Hueber Verlag, München
Druck und Bindung: PHOENIX PRINT GmbH, Deutschland
Printed in Germany
ISBN 978–3–19–561052–0

Art. 530_00056_001_03

## 1. In jeder Lektion

### Übungen zu Wortschatz und Kommunikation

### Grammatik selbst entdecken

### Texte schreiben lernen

### Aussprache gezielt üben

### Lernwortschatz-Seiten

Lernwort    Übersetzung    Beispielsatz

### Hinweise zum Lernwortschatz

| | |
|---|---|
| 🌐 | Diese Wörter sind im Englischen gleich oder sehr ähnlich. |
| der Stress (nur Sg.) die Möbel (nur Pl.) | Diese Wörter kommen nur im Singular / nur im Plural vor. |
| (die) Achtung | Diese Wörter werden meist ohne Artikel verwendet, z.B. Achtung. |
| ~ | Im Beispielsatz steht ~ für das Lernwort. |

# Wegweiser

## 2. Nach jedem Modul

Training: Lesen, Hören, Sprechen und Schreiben

Lernfortschritte überprüfen

## 3. Im Anhang

Partnerübungen zum Kursbuch

CD-ROM mit Hörtexten und interaktiven Übungen

Piktogramme und Symbole

| | |
|---|---|
| ↓ NACH AUFGABE 3 | Lerntipps — Lern die Verben mit Dativ auswendig: z.B. *gehören* + Dativ. |
| Übung passend nach Aufgabe 3 im Kursbuch | |
| 2 ⋑ Übungen mit Hörtext | Wiederholung von Lernstoff — ↺ *Erinnerst du dich?* |
| 🔀 Übungen zur Wortbildung | |
| ⊕ Übungen für Kurse mit mehr Wochenstunden | Hinweise zum Sprachvergleich |
| 📝 Schreibübungen für das persönliche Dossier der Lernenden | Mit *ich hätte gern* und *ich möchte bitte* kannst du etwas höflich sagen. Wie sagst du das in deiner Sprache? |

# Inhalt

**Lektion 28: Jonas' Lieblingsort** — Jonas — 6

Aussprache: : h-Laute 11 • Lernwortschatz 12

**Lektion 29: Ist die blaue Hose nicht toll?** — 14

Schreibtraining: eine halbformelle E-Mail schreiben — 19

Aussprache: Wortakzent bei Abkürzungen 19 • Lernwortschatz 20

**Lektion 30: Mach doch ein Praktikum!** — 22

Aussprache: ei/ai – au – eu/äu 27 • Lernwortschatz 28

**Training** Lesen, Hören, Schreiben — 30
**Das kannst du jetzt!** — 32

**Lektion 31: Sofie möchte zum Casting.** — Sofie — 33

Schreibtraining: eine halbformelle E-Mail schreiben 35

Aussprache: Informationen betonen 38 • Lernwortschatz 39

**Lektion 32: Wie heißt die 32 000-Euro-Frage?** — 41

Aussprache: bst – gst – ngst – lst – rst 46 • Lernwortschatz 47

**Lektion 33: Machen wir etwas zusammen?** — 49

Schreibtraining: eine persönliche E-Mail schreiben — 54

Aussprache: Satzmelodie bei Aufforderungen 54 • Lernwortschatz 55

**Training** Lesen, Hören, Sprechen — 57
**Das kannst du jetzt!** — 59

**Lektion 34: Die Sonnenfinsternis** — Tim — 60

Schreibtraining: eine SMS schreiben: sich entschuldigen, etwas begründen, einen Vorschlag machen — 65

Aussprache: n – r – l 65 • Lernwortschatz 66

**Lektion 35: Gute Ideen für die Umwelt!** — 68

Schreibtraining: auf eine Nachricht antworten: sich bedanken, Informationen erfragen — 72

Aussprache: qu – pf, pf – f – p 73 • Lernwortschatz 74

**Lektion 36: Schule, Schule!** — 76

Schreibtraining: ein Portrait schreiben — 80

Aussprache: mst – nst 81 • Lernwortschatz 82

**Training** Lesen, Hören, Schreiben — 84
**Das kannst du jetzt!** — 86

Partnerarbeit — 87
Unregelmäßige Verben — 91
Aussprache-Tabelle — 93
Lösungen — 94

# Jonas' Lieblingsort

NACH AUFGABE 2

**1**  Was machen die Leute? Schreib die Wörter richtig und ergänze.

(A) ......................................  (B) ......................................  (C) ......................................

(DEFREUN ENTREFF)  (DENRE)  (ßENDRAU ENSITZ)

**2a**  Ordne die Ausdrücke.

~~nie~~  ×  täglich  ×  manchmal  ×  fast jeden Tag

..................................... >  ..................................... >  ..................................... >  *nie*

**b**  Beantworte die Fragen.

> Erinnerst du dich? So kannst du auch sagen:  *einmal/zweimal/… pro Tag/Woche/Monat/Jahr …*

1. Wie oft hast du Deutsch?  *Ich habe* ........................................

2. Wie oft machst du Sport? ........................................

3. Wie oft hast du Ferien? ........................................

**3**  Was passt? Ergänze in der richtigen Form.

Reporter  ×  Tochter  ×  zuschauen  ×  ~~wählen~~  ×  Ort  ×  gefährlich  ×  Kinder

1. ▼ Wir *haben* ........................ gestern in Deutsch unser Lieblingswort *gewählt* ........................ .

   ● Und?  ▼ „Kartoffel" hat gewonnen!

2. ◆ Ist das Ihre ........................, Frau Lehmann? Sie ist aber schon sehr groß.

3. ■ Warum darf ich denn den Film nicht sehen, Mama?

   ▼ Du bist erst acht und der Film ist nichts für ........................ .

4. ● Was ist denn dein Vater von Beruf?  ◆ Er ist ........................ bei einer Zeitung.

5. ◆ Wir gehen am Samstag in die Skatehalle.  ■ Ach, super! Mein kleiner Bruder liebt

   diesen ......................... Er kann schon richtig gut skaten. Und meine Eltern

   ........................ uns dann immer ......................... .

6. ▲ Möchtest du mal Bungee-Jumping machen?

   ● Oh nein! Das finde ich zu ......................... .

**4a** Lies die Dialoge und ordne die Bilder zu.

1. Ⓒ ● Wie war's in den Ferien? Wart ihr weg?
   ▼ Ja, wir waren im Schwarzwald, auf
   einem Pferdehof. <u>Dieses Foto</u> gefällt
   mir besonders gut: die Pferde, direkt
   vor meinem Fenster.

2. ◯ ● Bist du viel geritten?
   ▼ Klar, jeden Tag, am Vormittag und am Nachmittag. Diese Frau hier war meine Reitlehrerin.

3. ◯ ● Und was gibt es sonst so im Schwarzwald?
   ▼ Na ja, viel Natur: Berge, Wälder, Seen. Dieser See zum
   Beispiel war ganz in der Nähe. Manchmal sind wir am
   Nachmittag dort geschwommen.

4. ◯ ● Und was ist das? Zeig mal.
   ▼ Ach, das sind „Bollenhüte". Diese Hüte sind typisch im
   Schwarzwald.

**b** Unterstreiche in 4a *dies-* und die Nomen und ergänze die Tabelle.

| *Demonstrativartikel* dies- | |
| --- | --- |
| *Nominativ* | |
| | See |
| *dieses* | Foto |
| | Frau |
| | Hüte |

**5** Ergänze *dies-* in der richtigen Form.

1. ■ Kennst du <u>*diese*</u> Lehrerin?  ▼ Nein. Vielleicht ist sie neu.

2. ◆ Puh, _____ Englisch-Test ist aber schwierig.
   ▲ Stimmt. Finde ich auch.

3. ▼ Was liest du denn da? Ist _____ Buch gut?
   ● Oh, ja! Möchtest du es auch lesen?

4. ● Schau mal, da im Café. Ist das nicht Herr Wagner?
   ◆ Nein.  ● Aber mit _____ Brille sieht der Mann genauso aus wie Herr Wagner.

5. ▲ Wer sind denn _____ Leute? Was wollen sie hier?
   ■ Das sind doch unsere Nachbarn, Oma.

6. ■ Hm, hast du _____ Schokoladenkuchen gebacken? Der ist ja lecker.

7. ● Was ist denn in _____ Schrank?  ▼ Sei doch nicht so neugierig.

8. ■ Wie oft hast du denn Training?  ● _____ Woche habe ich nur einmal Training,
   aber nächste Woche habe ich zweimal, wie immer.

Denk an den bestimmten
Artikel, dann weißt du
auch die Endungen beim
Demonstrativartikel:

| de*r* | → | diese*r* |
| da*s* | → | diese*s* |
| di*e* | → | dies*e* |
| de*n* (Akk.) | → | diese*n* |
| de*m* (Dat.) | → | diese*m* |

NACH AUFGABE 3

**6** **Was passt? Ergänze.**

> Das macht doch nichts. ✕ Ach so. Da hast du natürlich recht. ✕ Stört dich das?

1. ▲ Oh, Entschuldigung. Ich habe deinen Bleistift kaputt gemacht. Das tut mir leid.
   ■ ........................................................................................................................... . Ich habe ja noch mehr.
2. ◆ Hörst du bei den Hausaufgaben immer Musik? ● Ja. Warum? ...................................................
   ◆ Na ja. Ein bisschen schon.
3. ● Du triffst dich jetzt mit deinen Freunden? Aber du hast doch noch mehr Hausaufgaben auf, oder?
   ▼ Ach, Mama. Ich brauche eine Pause! Wir gehen Fußball spielen. Nach dem Sport kann man
   viel besser lernen.
   ● ...................................................

NACH AUFGABE 4

**7** **Was ist richtig? Unterstreiche.**

1. Der Turm ist hoch / teuer .
2. Der Hamburger schmeckt lecker / blond .
3. Die Kirche ist sensibel / alt .
4. Der Kölner Dom ist berühmt / lecker .

NACH AUFGABE 5

**8** **Was passt nicht? Streiche durch.**

1. der Vogel — der Hund — ~~die Enkelin~~ — das Pferd
2. die Bank — der Stuhl — der Sessel — der Turm
3. der Sohn — der Unfall — die Tochter — die Enkelin
4. die Zeitung — der Mann — die Frau — das Kind
5. das Moped — das Fahrrad — die Straßenbahn — der Flughafen
6. der Quatsch — das Spielzeug — der Ball — die Spielekonsole

**9** **Was ist passiert? Schreib eine Geschichte in dein Heft und benutze diese Wörter.**

sich verletzen · weinen · Unfall · trösten · kaputt · tut weh

**10a** Was passt zusammen? Ergänze.

springen ✕ schimpfen ✕ füttern ✕ fahren ✕ ~~stehlen~~

1. ein Portemonnaie _stehlen_    3. hoch _____    5. einen Vogel _____
2. mit einem Moped _____    4. laut _____

**b** Schreib Sätze im Perfekt mit den Verben aus **10a** in dein Heft.

ist gesprungen ✕ hat gestohlen ✕ ist gefahren ✕ hat gefüttert ✕ hat geschimpft

_Die Sportlerin ist leider nicht so hoch ..._

GRAMMATIK

**11a** Schau die Bilder an und lies die Sätze. Ordne zu.

1. Ⓒ Sie gibt <u>ihm</u> ein Eis.
2. ◯ Sie gibt ihnen Brot.
3. ◯ Er gibt ihr eine Zeitung.
4. ◯ Er gibt ihm Milch.

|  | Personalpronomen | |
|---|---|---|
|  | Nominativ | Dativ |
| der Junge | er | ihm |
| das Kind | es |  |
| die Frau | sie |  |
| die Vögel | sie |  |

**b** Unterstreiche in **11a** die Personalpronomen im Dativ und ergänze die Tabelle.

**12** Ersetze die markierten Wörter durch die Personalpronomen im Dativ.

1. Eine Frau und ihre Enkelin füttern Vögel. Sie geben den Vögeln Brot.
   → _Sie geben ihnen Brot._

2. Luisa ist glücklich. Es geht Luisa gut.
   → _____

3. Jonas repariert sein Fahrrad. Ein Freund hilft Jonas .
   → _____

4. Anna schaut den Trialfahrern zu. Das gefällt den Trial-Fahrern .
   → _____

5. Ein Kind weint, weil sein Spielzeug kaputt ist. Seine Mutter kauft dem Kind ein Eis.
   → _____

6. Ein Hund hat einen Hotdog gefunden. Die Wurst schmeckt dem Hund besonders gut.
   → _____

**13** In welches Tor muss der Ball? Verbinde.

1. ◆ Wo ist denn Mario?

   ▲ Er kommt heute nicht. Es ⬜ geht ⬜ nicht gut, er hat Kopfschmerzen.   ⚽ ihm

2. ■ Wie ⬜ gefällt ⬜ mein Rock?   ● Na ja, ist er nicht ein bisschen kurz?   ⚽ dir

3. ▼ Ich gehe zum Kiosk.   ◆ Oh, super! Bringst ⬜ du ⬜ ein Eis mit?   ⚽ uns

4. ● Ich verstehe die Mathe-Aufgabe einfach nicht.   ▲ Ja, stimmt. Sie ist so schwer!

   ■ Findet ihr wirklich? Soll ich ⬜ helfen ⬜ ?   ⚽ euch

5. ◆ Wo ist denn das Einstein-Gymnasium? Kannst du ⬜ den Weg zeigen ⬜ ?   ⚽ mir

   ● Ja, klar, du gehst an der Kreuzung nach rechts. Dann siehst du die Schule schon.

6. ■ Fehlen ⬜ deine Freunde aus München ⬜ ?   ⚽ dir

   ◆ Na ja, am Anfang war es schwer, aber jetzt habe ich viele Freunde hier in Köln.

⬇ NACH AUFGABE 8 ▮

GRAMMATIK

**14a** Was fragt Anna? Was anworten die Personen? Ergänze.

| mir ✕ dir ✕ ~~uns~~ ✕ uns ✕ euch ✕ ~~Ihnen~~ ✕ Ihnen |

> Lern die Verben mit Dativ auswendig: z.B. *gehören* + Dativ.

① Entschuldigung, gehört das Handy vielleicht *Ihnen* ?

② Nein, das Handy gehört *uns* nicht.

③ Entschuldigung, gehört das Handy ............... ?

④ Nein, das Handy gehört ............... nicht.

⑤ Entschuldigung, gehört das Handy vielleicht ............... ?

⑥ Nein, das Handy gehört ............... nicht.

⑦ Entschuldigung, gehört ............... das Handy?

⑧ Ach je! Ja! Das ist mein Handy! Vielen Dank!

**b** **Lies die Sätze in 14a noch einmal. Was ist richtig? Unterstreiche.**

*Personalpronomen* Sie *im Dativ*

Bei *Sie* heißt die Höflichkeitsform im Dativ ihnen / Ihnen . So kann man eine oder mehrere Personen höflich ansprechen. Die Höflichkeitsform schreibt man immer groß / klein .

**15** **Ergänze die Personalpronomen im Dativ.**

1. ● Der Mantel gehört nicht *Ihnen* _____, Herr Junker. Ich glaube, das ist mein Mantel.

2. ◆ Meinst du, Lisa trinkt gern Apfelsaft?  ▲ Nein, Apfelsaft schmeckt _____ nicht.

3. ▼ Wem gehört denn diese CD?  ◆
   ● _____ natürlich. Wir haben sie doch letztes Jahr zu Weihnachten bekommen. Hast du das schon vergessen?

4. ■ Gefällt _____ dieses Lied nicht, Florian?  ◆ Doch, es gefällt _____ sehr gut.

5. ▲ Wie geht es _____ heute, Frau Meier? Besser?  ● Na ja, es geht. Danke.

6. ● Marlene und Jan haben Probleme mit den Physik-Hausaufgaben. Kannst du _____
   die Aufgabe erklären?  ▼ Nein, jetzt nicht. Ich habe gerade keine Zeit. Später gern.

7. ◆ Schaut mal, ich habe Geld gefunden. Gehört es _____?  ▼ Nein, leider nicht.

8. ● Wer hat denn das Spielzeug vergessen?  ■ Frag doch mal das Kind da.
   Sicher gehört es _____.

AUSSPRACHE

**16** **h: Hör zu und sprich nach.**

1 🔊

| h [wie h] | → | Hund | helfen | hoch | Himmel | hässlich | Handy |
| h [wie h] | → | ge\|habt | ge\|holfen | ge\|heißen | ge\|hört | ge\|hängt | ge\|hasst |
| h [wie –] | → | gefä**h**rlich | Le**h**rerin | So**h**n | me**h**r | fa**h**ren | Stu**h**l |

**17** **Hör zu und sprich nach.**

2 🔊

1. **H**und – und
2. **H**aus – aus
3. **h**offen – offen
4. **h**ier – ihr
5. **h**alt – alt
6. **H**ände – Ende
7. **h**offt – oft
8. **h**eiß – Eis

Hund

und

**18** **Hörst du h [wie h] oder h [wie –]? Hör zu, sprich nach und kreuze an.**

3 🔊

| | h [wie h] | h [wie –] | | h [wie h] | h [wie –] |
|---|---|---|---|---|---|
| 1. wohnen | ○ | ○ | 6. gehen | ○ | ○ |
| 2. Sporthalle | ○ | ○ | 7. Fehler | ○ | ○ |
| 3. zu Hause | ○ | ○ | 8. herzlich | ○ | ○ |
| 4. Jahre | ○ | ○ | 9. heißen | ○ | ○ |
| 5. abholen | ○ | ○ | 10. aufstehen | ○ | ○ |

**19** **Zungenbrecher: Hör zu und sprich nach.**

4 🔊

Hundert hässliche Herren in Hemd, Hose und Hut mit Handy in der Hand stehen hier in einem hübschen Hamburger Hotel und haben Hunger.

Das sind deine Wörter!

| | |
|---|---|
| der Ort, -e | ▼ Was ist dein Lieblings~?<br>● Das Rheinufer. |
| das Ufer, - | Der Lieblingsort der Kölner ist das Rhein~. |
| wählen | Die Leute in Köln ~ das Rheinufer als Lieblingsort. |
| 🌐 der Reporter, - | Der ~ macht ein Interview mit Jonas. |
| ✂ zu\|schauen + *Dativ* | Anna ~ den Trial-Fahrern am Rheinufer ~. |
| täglich | = jeden Tag |
| fast | täglich > ~ jeden Tag > manchmal > nie |
| das Kind, -er | Das ~ spielt auf dem Spielplatz. |
| dieser / dieses / diese / diese | ■ Mein Lieblingsort ist ein Platz. ~ Platz heißt Marienplatz. |
| sitzen (du sitzt, hat gesessen) | ▼ Dieses Café ist mein Lieblingsort, weil ich dort draußen ~ kann. |
| der Trial-Fahrer, - | |
| gefährlich | ◆ Möchtest du mal Bungee-Jumping machen?<br>■ Nein! Das ist viel zu ~. |
| Das macht doch nichts. | ▼ Entschuldige bitte, dass ich zu spät bin. ● ~ |
| 🌐 der Tourist, -en / die Touristin, -nen | |
| der Dom, -e | Der Kölner ~ ist eine Kirche. |
| berühmt | Viele Menschen kennen den Kölner Dom. Er ist ~. |
| hoch | Der Kölner Dom ist über 150 Meter ~. |
| der Turm, ¨e | |
| 🌐 der Hamburger, - | ◆ Komm, wir essen einen ~!<br>▲ Ach nein, ich mag lieber Würstchen. |
| weinen | |
| trösten | Die Mutter ~ ihren Sohn, weil er weint. |
| das Spielzeug, -e | ▼ Warum weint das Kind?<br>◆ Sein ~ ist kaputt. |

die Bank, ¨e                          Ein Mann sitzt im Park auf
                                      einer ~ und liest Zeitung.

joggen

sich verletzen                        Der Junge hatte einen Unfall und
(du verletzt dich)                    ~ ~ ~. *(Perfekt)*

der Sohn, ¨e / die Tochter, ¨        Die Frau hat zwei Kinder: ihren ~
                                      Felix und ihre ~ Mia.

der Enkel, - / die Enkelin, -nen      Eine alte Frau und ihre ~ füttern
                                      im Park Vögel.

der Vogel, ¨                          Das Kind füttert die
                                      ~ im Park.

das Moped, -s

schimpfen                             Jemand fährt mit dem Moped durch
                                      den Park. Eine Frau ärgert sich und ~.

springen (ist gesprungen)             Ein Junge ~ mit dem
                                      Fahrrad über die Bank.

stehlen
(du stiehlst, er/es/sie stiehlt,
hat gestohlen)

das Portemonnaie, -s                  ◆ Oh nein! Jemand hat mein ~
                                      gestohlen. Jetzt ist mein Geld weg.

zurück|geben                          ▲ Hilfe! ~ Sie mir sofort mein
(du gibst zurück, er/es/sie gibt      Portmonnaie ~!!
zurück, hat zurückgegeben)

gehören + *Dativ*

> Entschuldigung, ~ das Handy vielleicht Ihnen ?

> Nein, das Handy ~ uns nicht.

es geht (nicht) gut + *Dativ*         ▼ Wie ~ ~ dir?
                                      ● Nicht so gut. Ich habe Kopfschmerzen.

ihm / ihm / ihr / ihnen               ◆ Gib den Vögeln Brot. Das schmeckt ~.
                                      ■ Ach nein, ich gebe das Brot der Katze.
                                      Das schmeckt ~ bestimmt besser.

Ihnen *(Höflichkeitsform)*            ● Frau Müller, gehört das Handy ~?
                                      ▼ Nein, das Handy gehört mir nicht.

# Ist die blaue Hose nicht toll?

### NACH AUFGABE 3

**1** **Was ist richtig? Unterstreiche.**

1. ▼ Die Party ist ja total langweilig. Komm, wir gehen weg / fangen an . ● Ja, okay.
2. ■ Lest die Fragen in der Aufgabe und hört das Getränk / Gespräch .
3. ▲ Was ist los? Bist du sauer? ● Ja klar! Du, ich warte hier schon eine halbe Stunde / um halb fünf !
4. ● Au, das war mein Fuß! ▼ Oh, entschuldige / komm bitte! Habe ich dir wehgetan?

**2** **Was passt? Kreuze an.**

1. ◆ Oh, du lernst gerade. Entschuldige, dass ich dich störe!
   ⓐ ▲ Gute Besserung.     ⓑ ▲ Kein Problem.     ⓒ ▲ Ja, gern!

2. ● Tut mir echt leid, dass ich nicht gekommen bin. Ich habe vergessen, dass wir verabredet waren.
   ⓐ ◆ Das finde ich nicht so toll!     ⓑ ◆ Ja, gern.     ⓒ ◆ Keine Ahnung.

3. ■ Entschuldigung, dass ich dich gestern nicht angerufen habe. Ich hatte keine Zeit.
   ⓐ ▼ Bis gleich.     ⓑ ▼ Viel Glück.     ⓒ ▼ Schon okay.

4. ▼ Entschuldigt, dass ich so spät komme. Ich habe noch mit Clara telefoniert.
   ⓐ ● Bis bald.     ⓑ ● Das macht nichts.     ⓒ ● Lieber nicht.

### NACH AUFGABE 5

**3a** **Was passt nicht? Streiche durch.**

1. Orangensaft — Eiskaffee — Zitronenlimonade — ~~Kaffeeeis~~
2. Mangoeis — Eistee — Ananaseis — Schokoladeneis
3. Apfeltee — Bananenmilch — Apfelkuchen — Orangenlimonade
4. Zitronentorte — Erdbeertorte — Bananeneis — Apfelkuchen

 *das Kaffeeeis*     *der Eiskaffee*

Der *zweite* Teil des Wortes ist wichtig für die Bedeutung und den Artikel.

**b** **Schreib zusammengesetzte Nomen in dein Heft. Schreib auch den Artikel.**

> Orangen • Zitronen • Bananen • Eis • Mineral • Schokoladen • Erdbeer • Mango • Vanille • Stracciatella • Apfel

> Saft • Milch • Wasser • Torte • Tee • Eis • Limonade • Kaffee • Kuchen

| Eis | Getränke | Torten / Kuchen |
|---|---|---|
| *das Vanilleeis, ...* | *der Eistee, ...* | *...* |

**c** **Was magst du? Was magst du nicht?**
**Schreib Sätze mit den Nomen aus 3b in dein Heft.**

☹ *Ich mag keinen Eistee, ...*
☺ *Aber ich esse gern Vanilleeis, ...*

**Jonas**    **14** vierzehn

**4a** Du möchtest im Café bestellen. Was sagst du? Was sagt der Kellner? Kreuze an.

|  | Du | Kellner |
|---|---|---|
| 1. Ich hätte gern ein Stück Erdbeertorte. | ○ | ○ |
| 2. Ich möchte ein Stück Apfelkuchen. | ○ | ○ |
| 3. Kommt sofort. | ○ | ○ |
| 4. Wir hätten gern zweimal Eisschokolade. | ○ | ○ |
| 5. Wir möchten bestellen, bitte. | ○ | ○ |
| 6. Einmal Erdbeertorte? Ja, gern. | ○ | ○ |
| 7. Ich nehme einen Eistee, bitte. | ○ | ○ |
| 8. Meine Freundin hätte gern ein Vanilleeis. | ○ | ○ |

**b** Unterstreiche in 4a die Formen von *hätte-* und ergänze die Tabelle.

| *Konjunktiv II*: haben | | | |
|---|---|---|---|
| ich | | wir | |
| du | *hättest* | ihr | *hättet* |
| er/es/sie | | sie/Sie | *hätten* |

> Der Konjunktiv II von *haben* ist wie das Präteritum. Du musst nur das *a* durch ein *ä* ersetzen:
> *ich hatte – ich hätte*

**5** Ergänze den Konjunktiv II von *haben* in der richtigen Form.

1. ◆ Komm, wir essen ein Eis. Was _____ du denn gern?

   ▲ Erdbeereis. Das ist mein Lieblingseis.

2. ■ Wir _____ gern zwei Mineralwasser. ● Kommt sofort.

3. ▼ Guten Tag. Ich _____ gern vier Brötchen. ◆ Gern!

**6** Passt das zu *höflich* oder *unhöflich*? Ordne zu.

| ich möchte bitte ✕ ich will ✕ ich hätte gern |
|---|

> Mit *ich hätte gern* und *ich möchte bitte* kannst du etwas höflich sagen. Wie sagst du das in deiner Sprache?

| **höflich** | **unhöflich** |
|---|---|
| .................................... | .................................... |
| .................................... | |

**7** Schau das Bild an und schreib einen Dialog in dein Heft. Lies dafür auch noch einmal den Dialog im Kursbuch (Seite 13, Aufgabe 4b).

> ▲ *Können wir bestellen, bitte?*
>
> ● ...

NACH AUFGABE 6

**8** **Was passt? Ergänze.**

eng ✕ ~~X-Beine~~ ✕ Prospekt ✕ Geschäft ✕ mitgehen ✕ O-Beine ✕ weit

1. ▲ Ich finde, der Cowboy sieht echt witzig aus. ● Ja, stimmt, besonders seine _X-Beine_ .

   ▲ Was? Er hat doch _____! Hier, schau doch mal!

2. ◆ Ich möchte mir ein paar Sachen kaufen, Hosen und T-Shirts und so.

   ■ Geh doch mal in das _____ in der Kantstraße. Da gibt es

   super Sachen. Wir haben auch einen _____ zu Hause.

   ◆ Oh, den möchte ich gern sehen. Bringst du ihn mir mal mit?

3. ● Schau mal, Mama, das T-Shirt ist super, nicht? ▼ Hm, ist das ein T-Shirt für zwei Personen?

   Es ist ja total _____ ● Ach Mama! Wie findest du denn die Hose? Sieht sie nicht

   gut aus? ▼ Ich glaube, du brauchst sie etwas weiter, ich finde sie sehr _____.

   ● Du verstehst das nicht, Mama: Die Hose und das T-Shirt müssen so sein! ▼ Also, das nächste

   Mal _____ besser deine Freundin _____ und du kaufst mit ihr ein.

NACH AUFGABE 8

**9a** **Finde noch 14 Kleidungsstücke.**

| A | N | H | O | S | E | S | M | A | N | T | E | L | M | J | L | W |
|---|---|---|---|---|---|---|---|---|---|---|---|---|---|---|---|---|
| P | S | W | E | A | T | S | H | I | R | T | F | U | M | A | A | N |
| R | C | H | A | Z | B | E | N | T | P | L | I | V | S | C | H | L |
| K | H | O | G | Ü | R | T | E | L | E | N | M | L | A | K | K | E |
| I | A | P | P | E | L | I | T | E | S | T | I | E | F | E | L | K |
| B | L | U | S | E | V | I | E | S | C | H | E | G | A | W | E | N |
| W | U | G | M | U | T | Z | E | L | H | A | U | G | H | O | N | J |
| E | C | H | L | I | E | Z | R | A | U | K | L | I | T | P | T | E |
| L | H | E | M | D | U | N | T | M | H | I | T | N | N | H | A | A |
| I | B | L | E | P | M | S | T | U | E | F | R | G | L | U | H | N |
| Z | E | N | M | R | O | C | K | R | E | T | R | S | C | T | P | S |

**b** **Ordne die Kleidungsstücke aus 9a den passenden Körperteilen zu. Schreib die Wörter mit Artikel. Verwende die Wörter immer nur einmal.**

( Kopf ) hemd, mutze

( Hals ) _____

( Arme ) _____

( Bauch ) _____

( Beine ) die Hose, jeans, leggings

( Füße ) scrue, stiefel

↓ NACH AUFGABE 9

**10** Ergänze.

bunt × schwarz × kariert × weiß × ~~gestreift~~

 1. *gestreift*

 2. schwarz

3. weiß

4. kariert

 5. bund

GRAMMATIK

**11a** Lies den Dialog und unterstreiche alle Adjektive. Lies dann die Regel. Was ist richtig? Unterstreiche.

◆ Schau mal, Selina, der gestreifte Gürtel ist doch cool, oder?

▼ Ja, aber die bunten Leggings gefallen mir auch.

◆ Was kostet denn die lustige Mütze da?

▼ Warte mal, hier steht 3 €. Das finde ich nicht teuer.

◆ Ja, das geht. Hier, schau mal, das schwarze Kleid ist ja total kurz!

▼ Wow, ich finde es toll!

| | | |
|---|---|---|
| Das Adjektiv steht direkt vor einem Nomen. | → | Es hat eine / keine Endung. |
| Das Adjektiv steht nicht direkt vor einem Nomen. | → | Es hat eine / keine Endung. |

**b** Schreib die Adjektive aus **11a** in die Tabelle. Schreib die Adjektivendungen in den Artikelfarben. Ergänze dann die Regel.

| bestimmter Artikel + Adjektiv im Nominativ | |
|---|---|
| der *gestreifte* | Gürtel |
| das kurze | Kleid |
| die ~~richtige~~ lustige | Mütze |
| die ~~buntes~~ bunten | Leggings |

Wenn das Adjektiv zwischen dem bestimmten Artikel und dem Nomen steht, dann bekommt es im Nominativ Singular die Endung -_____ und im Plural die Endung -_____.
(!) teuer: der teure Hut, die teuren Stiefel

**12** Ergänze die Adjektivendungen, wo nötig.

● Hey, was machst du? Dein Zimmer ist doch schön / (1) so.

■ Ach nein, ich möchte es lieber anders haben: Der kleine (2) Tisch steht besser vor dem Bett und die groß_____ (3) Lampe kommt hier in die Ecke. Aber der alt_____ (4) Teppich kommt weg, ich finde ihn schrecklich_____ (5). Der schwarz_____ (6) Sessel soll da in die Ecke neben die Lampe und der teur_____ (7) Laptop steht jetzt im Schrank.

● Und was machst du mit den Postern? Sie sind echt cool_____ (8).

■ Hm, die cool_____ (9) Poster bleiben hier an der Wand.

**13** Was gefällt dir besonders in deiner Stadt? Was gefällt dir überhaupt nicht? Schreib in dein Heft.

modern • interessant • groß • klein • schön • alt • hässlich • lustig • cool • toll • elegant • eng • teuer • sauber • ruhig • laut • …

☺☺ Mir gefallen besonders die tollen Geschäfte, der schöne Park, … und …

☹☹ Das teure Café am Bahnhof, das alte Stadion, … und … gefallen mir überhaupt nicht.

NACH AUFGABE 12

GRAMMATIK

**14a** Schau das Bild an und lies die Sprechblase. Wer sagt das? Kreuze an.

○ die Lehrerin
○ der Jugendliche

Warten Sie bitte! Fangen Sie noch nicht an, ich finde meinen Stift nicht!

**b** Unterstreiche in 14a den Imperativ wie im Beispiel. Ergänze dann die Regel.

*Imperativ in der* Sie-Form

Sie warten. → *Warten Sie!*

Sie fangen noch nicht an. → _____!

(!) Sie sind … → Seien Sie …!

Beim Imperativ in der Sie-Form steht das Sie nach dem konjugierten Verb. Bei trennbaren Verben steht Verbteil 2 am Ende.

**15** Was sagen die Schüler? Ergänze die Verben im Imperativ.

aufpassen ✕ geben ✕ sein ✕ machen ✕ ~~probieren~~

1. ● Ich habe den Kuchen selbst gebacken. *Probieren Sie* _____ doch ein Stück!
2. ▲ Ihre Tasche ist offen. _____ vorsichtig, Herr Beck!
3. ■ _____ bitte _____, Herr Beck, der Stuhl ist kaputt!
4. ◆ Ich kann diese Vokabeln einfach nicht lernen. Was kann ich tun?
   Bitte _____ mir einen Tipp!
5. ● Dürfen wir uns etwas wünschen? Bitte _____ keine Vokabeltests mehr!

**16** Ergänze die Sätze mit den passenden Verben im Imperativ. Benutze bitte und doch mal.

lesen ✕ erzählen ✕ aufpassen ✕ ~~helfen~~

1. ◆ Papa, ich kann die Datei nicht herunterladen. *Hilf mir bitte* _____!
2. ▲ _____ *bitte* _____, ihr zwei, die Pizza ist total heiß!
3. ■ Svens Blog kennst du nicht, oder? Er ist richtig gut. _____ *ihn* _____!
4. ● Wie war denn Ihre Reise, Herr Gruber? _____!

↓ NACH AUFGABE 13 ▎

**17** Felix hat eine E-Mail an den Psychologen einer Jugendzeitschrift geschrieben. Ordne die Textteile.

○ Ich habe auch ein Smartphone, aber ich muss nicht immer chatten. Ich möchte so gern, dass meine Freunde und ich wieder mehr zusammen machen und reden, wie früher. Was kann ich tun?

○ Bitte geben Sie mir einen Tipp! Antworten Sie bald!

○ Gestern waren wir zum Beispiel auf unserem Lieblingsplatz, aber jeder hat allein gesessen und wir haben nur ganz wenig geredet. Alle haben nur geschrieben oder Fotos geschickt.

①* Lieber Herr Dr. März,

○ ich treffe mich oft mit meinen Freunden und wir hatten immer viel Spaß zusammen. Aber jetzt sitzen alle immer nur vor ihren Smartphones und chatten. Ich finde das total doof.

○ Vielen Dank und viele Grüße
Felix S., Dresden

**18a** Lies die Kärtchen und wähle eine Situation.

Ⓐ Deine Schwester / Dein Bruder ist jünger als du, aber deine Eltern erlauben ihr/ihm genauso viel wie dir.

Ⓑ Du bekommst viel weniger Taschengeld als deine Freunde.

**b** Schreib dann eine E-Mail an Herrn Dr. März in dein Heft. Schreib zu den Punkten 1–4 jeweils ein bis zwei Sätze. Vergiss auch nicht die Anrede und den Schluss.

1. Erzähle: Was ist dein Problem?
2. Gib auch Beispiele.
3. Was möchtest du?
4. Schreib auch höflich, dass du Tipps brauchst und bald eine Antwort möchtest.

**19** Wortakzent bei Abkürzungen: Hör zu, klopf mit und sprich nach.

5 ((•))

1. ●●● DVD
2. ●●● BMW
3. ●●● SMS
4. ●●● MP3
5. ●●● GPS
6. ●●● USA
7. ●●● WWW
8. ●●● USB
9. ●●● ABC
10. ●● VW
11. ●● AG
12. ●● CD

DVD

Bei Abkürzungen liegt der Wortakzent auf dem letzten Buchstaben: DVD

**20** Hör zu und sprich mit.

6 ((•))

BMW und VW ist mein ABC.
GPS, MP3 und ich fühl mich frei.
WWW, USB, in der Medien-AG,
ja, ich hör und seh' DVD und CD.
SMS, USA, ist jetzt alles klar?

# (29) Lernwortschatz

Das sind deine Wörter!

| | | |
|---|---|---|
| eine halbe Stunde | ............... | = 30 Minuten |
| entschuldigen | ............... | *Jonas:* ~, dass ich so spät komme. *Anna:* Das macht nichts. |
| das Gespräch, -e | ............... | Anna und Jonas sprechen im Eiscafé. Das ~ ist total interessant. |
| ✂ weg\|gehen (ist weggegangen) | ............... | Jonas kommt zu spät zum Eiscafé. Anna ist sauer und ~ ~. |

## Eis und Eisgetränke

die Kugel, -n ...............

⚠ *die Erdbeere → das Erdbeereis*

| Vanille (nur Sg.) | Stracciatella (nur Sg.) | Erdbeere (nur Sg.) |
|---|---|---|
| ............... | ............... | ............... |
| die Eisschokolade, -n | der Eiskaffee, -s | |
| ............... | ............... | |

## Torten und Kuchen

| der Apfelkuchen, - | die Schokoladentorte, -n | Du kannst ganz leicht neue Wörter bilden, zum Beispiel: *Mango + Torte = die Mangotorte* |
|---|---|---|
| ............... | ............... | |

| | | |
|---|---|---|
| das Stück, -e | ............... | ■ Ich hätte gern ein ~ Schokoladenkuchen. |
| sofort | ............... | ◆ Ich hätte gern zwei Kugeln Erdbeereis. ▲ Kommt ~. |
| höflich | ............... | ↔ unhöflich |
| ich hätte gern (du hättest, er/es/sie hätte) | ............... | ● Guten Tag! ~ eine Cola. ◆ Kommt sofort! |

Mit *ich hätte gern* kannst du Wünsche und Bitten höflicher machen.

| | | |
|---|---|---|
| nehmen (du nimmst, er/es/sie nimmt, hat genommen) | ............... | ▼ Ich hätte gern eine Kugel Erdbeereis. Und du? ● Ich ~ eine Eisschokolade. |
| O-Beine haben / X-Beine haben | ............... | |
| | ............... | |
| eng | ............... | ◆ Das T-Shirt passt mir nicht. Es ist zu ~. ● Hm, oder vielleicht bist du zu dick? ☺ |
| weit | ............... | ↔ eng |

das Geschäft, -e

........................................

▼ Wo hast du diese Hose gekauft?
■ In einem ~ am Neumarkt.

mit|gehen (ist mitgegangen)

........................................

Jonas möchte sofort in das Geschäft ~.

der Prospekt, -e

........................................

**Die Kleidung**

die Mütze, -n

........................................

der Schal, -s

........................................

das Sweatshirt, -s

........................................

der Gürtel, -

........................................

die Leggings (nur Pl.)

........................................

der Stiefel, -

*Stiefel* und *Schuhe* verwendet man meistens im Plural.

kariert

........................................

bunt

........................................

gestreift

........................................

schrecklich

........................................

◆ Diese Ohrringe sind schön, oder?
▲ Nein! Ich finde sie ~.

wünschen

........................................

▼ Ich ~ mir dieses Sweatshirt zum Geburtstag.

überhaupt

........................................

● Gefallen dir die Stiefel?
◆ Nein, ~ nicht.

der Tipp, -s

........................................

■ Ich verstehe Mathe nicht. Was kann ich tun? Bitte gib mir einen ~.

antworten

........................................

↔ fragen

*antworten* ⟶ *die Antwort*

böse 🙁

........................................

● Wer hat meinen Stift kaputt gemacht?
◆ Oje, das war ich. Bitte sei nicht ~!

vorsichtig

........................................

▲ Die Pizza ist total heiß. Sei ~!

# Mach doch ein Praktikum!

**LEKTION 30**

↓ NACH AUFGABE 4

URTNHICERT ✕ PNÜRFUG ✕ FRIEEN
~~ZGNIEUS~~ ✕ SESTRS ✕ ATSFAUZ ✕ PUSAE

**1** **Was passt? Ergänze die richtigen Wörter.**

1. ● Daniel hat ein total gutes _Zeugnis_____.   ▼ Ja, er hat fast in jedem Fach eine Eins.

2. ◆ Wir sollen einen _____ zum Thema „Stadt und Land" schreiben.

   ▲ Ja, ich weiß. Das habe ich zum Glück gestern schon gemacht.

3. ■ Wie findest du den _____ von Frau Meiser?

   ● Es geht so. Ich finde, er ist ziemlich langweilig.

4. ◆ Wann ist endlich _____? Ich bin müde und habe Hunger.   ▼ Ich auch.

5. ● Bald haben wir _____. Ich freue mich schon sehr!

   ▲ Ich mich auch! Verreist ihr auch?

6. ◆ War die _____ schwer?   ■ Ja, sehr. Ich glaube, ich bekomme keine gute Note.

7. ● Was ist denn mit Lilly los? Hat sie _____ zu Hause?

   ▼ Ja, mit ihren Eltern, aber auch in der Schule. Sie muss so viel lernen.

GRAMMATIK

**2a** **Was passt? Verbinde.**

1. ▲ Hast du den
2. ● Wohin hast du das
3. ◆ Wie findest du die
4. ■ Wir sollen auch die

ⓐ junge Lehrerin?   ▼ Sie ist sehr nett.
ⓑ neuen Vokabeln lernen.   ■ Ja, ich weiß.
ⓒ blaue Heft gelegt?   ● Da, auf den Tisch.
ⓓ schwierigen Text schon gelesen?   ◆ Ja. Du noch nicht?

**b** **Unterstreiche in 2a die Adjektive wie im Beispiel und ergänze die Tabelle. Schreib die Adjektivendungen in den Artikelfarben.**

> (!) Akkusativ maskulin: *den schwierigen*
>
> Alle anderen Formen sind im Akkusativ und im Nominativ gleich.

| *bestimmter Artikel + Adjektiv im Akkusativ* | |
|---|---|
| den _schwierigen_ | Text |
| das _____ | Heft |
| die _____ | Lehrerin |
| die _____ | Vokabeln |

**3** **Ergänze den Artikel und die Adjektivendung.**

● Wir brauchen noch Preise für den Flohmarkt. Wie viel Geld nehmen wir …

1. für _das___ kariert_e_ Hemd?
2. für _____ weiß____ Rock?
3. für _____ bunt____ Hut?
4. für _____ teur____ Sonnenbrille?
5. für _____ schwarz____ Gürtel?
6. für _____ gestreift____ Schal?
7. für _____ braun____ Stiefel?

Nicht mehr als drei Euro.

**4** Was nimmt Sara mit?
Finde passende Adjektive
und ergänze die Wörter
mit Artikel wie im Beispiel.

Endlich Ferien!
Ich nehme
den alten Koffer
mit und …

teuer • alt • bunt • hübsch •
gelb • blau • schwarz • rot •
cool • kurz • interessant • grün

1. _den alten Koffer_

2. _____

3. _____

4. _____

5. _____

6. _____

7. _____

8. _____

9. _____

10. _____

11. _____

12. _____

**5** Welche Sachen in deinem Schrank
findest du besonders toll, welche magst
du nicht so gern? Schreib in dein Heft.

☺ Das gestreifte T-Shirt finde ich …
☹ Aber den blauen Pullover …

NACH AUFGABE 6 |

**6** Was passt?
Ergänze die Wörter.

Bewerbung ✕ Geschäft ✕ Praktikum ✕ ~~Firma~~ ✕ Ausbildung

**Was macht ihr in den Ferien?**

von: Susi01

Ich helfe in den Sommerferien meinem Vater in der _Firma_ (1),
meistens so zwei oder drei Wochen lang. Da bekomme ich dann auch ein bisschen
Geld für die Arbeit. Das ist cool.

von:
Menschenfreund

In den Sommerferien mache ich ein _____ (2) im
Krankenhaus. Es dauert zwei Wochen. Die _____ (3) habe
ich schon geschrieben. Das haben wir im Deutschunterricht geübt. Nach der
Schule möchte ich dort vielleicht eine _____ (4) machen.

von:
junges Gemüse

Meine Großeltern haben ein kleines _____ (5)
für Obst und Gemüse. In den Sommerferien arbeite ich da zweimal
in der Woche. Das macht Spaß.

**30**

NACH AUFGABE 7

**7**  **Wo ist das? Ergänze**

| PRO | KRAN | LON | FEN | SCHU | FI | HOF | BÄ | KEN | SEUR | LE |
|---|---|---|---|---|---|---|---|---|---|---|
| BAHN | FRI | SCHÄFT | SPORT | GE | HAUS | HA | SA | FLUG | REI | CKE |

1. Wo arbeitet ein Sportverkäufer?  bei  S P O R T P R O F I
2. Wo arbeiten Ärzte?  im  K
3. Wo fliegen Flugzeuge ab?  am  F
4. Wo lernen Schüler?  in der  S
5. Wo arbeiten Verkäuferinnen?  im  G
6. Wo fahren Züge ab?  am  B
7. Wo bekommt man eine neue Frisur?  im  F
8. Wo bekommt man Brot und Brötchen?  in der  B

> Du kennst schon: *bei* + Person, z.B. *bei Peter*.  Auch bei einer Firma sagt man *bei* + Firma, z.B. *bei SportProfi*

**8**  **Ergänze die richtigen Präpositionen und den Artikel, wo nötig.**

Was macht Familie Konradi heute?
Nina Konradi ist Sekretärin *bei* _____ (1) Mayer & Co.
Heute ist sie aber nicht _____ (2) Büro, denn sie
besucht eine Freundin _____ (3) Krankenhaus. Ihr
Mann Tom arbeitet _____ (4) Bäckerei. Er ist
Bäcker. Ihre Tochter Julia Konradi ist heute _____ (5)

Kaufhaus und kauft ein neues Kleid, denn sie hat morgen
Geburtstag und möchte schön aussehen. Und Julias Bruder
Paul ist heute _____ (6) Flughafen und holt seinen Onkel ab. Onkel Rudi arbeitet _____ (7)
Apple® in Amerika und kommt zu Julias Geburtstag. Und wo sind Julias Großeltern? Sie stehen
_____ (8) Bahnhof. Alle haben sie vergessen und niemand holt sie ab.

NACH AUFGABE 8

**9**  **Finde noch vier Berufe.
Lies dann die Definitionen
und ergänze.**

1. Sie/Er schneidet Haare:  _____ / _____
2. Sie/Er verkauft etwas:  _____ / _____
3. Sie/Er schreibt Computerprogramme:  _____ / _____
4. Sie/Er arbeitet nicht im Büro
   und repariert oft etwas:  _____ / _____
5. Sie/Er arbeitet im Krankenhaus
   und hilft kranken Menschen:  _____ / *der Krankenpfleger*

**10** Was möchten die Jugendlichen gern werden? Warum? Schreib Sätze in dein Heft.

> sehr gut in Mathe sein ✕ gut surfen können ✕ gern Artikel schreiben ✕
> ~~sehr hübsch sein~~ ✕ Biologie und Chemie lieben

Ⓐ Nelly: Modell   Ⓑ Mario: Surflehrer   Ⓒ Tom: Informatiker   Ⓓ Pia: Journalistin   Ⓔ Lena: Krankenschwester

> *A. Nelly möchte Modell werden, weil sie sehr hübsch ist.*

 NACH AUFGABE 9

**11** Was passt? Ergänze.

> Gepäck ✕ ~~dauern~~ ✕ Abteilung ✕ spannend ✕ zufrieden

1. ● Wie lang ist der Film?  ◆ Kinofilme *dauern* meistens 90 Minuten.
2. ▲ Pssst! Bitte seid nicht so laut. Der Krimi ist gerade so _____!
3. ■ Hast du viel _____? ● Nein, nur einen Rucksack und eine Tasche.
4. ▼ Bist du mit deiner neuen Schule _____?
   ● Ja, meine Lehrer sind nett und machen einen guten Unterricht.
5. ◆ Sag mal, wie heißt die _____, in der du arbeitest? ▲ IT-Service.

**12** Wie kann man es anders sagen? Ergänze.

> Ich bin zufrieden mit dem Praktikum. ✕ Das ist leider nicht möglich. ✕
> Du warst beim Festival? Erzähl doch mal! ✕ ~~Das war spannend.~~ ✕
> Die Arbeit war anstrengend. ✕ Meine Kollegen waren sehr nett.

1. Das war sehr interessant. → *Das war spannend.*
2. Das Praktikum gefällt mir ganz gut. → _____
3. Die Mitarbeiter waren sehr freundlich. → _____
4. Das geht leider nicht. → _____
5. Ich habe viel gearbeitet und war müde. → _____
6. Sag doch mal, wie war's beim Festival? → _____

**13a** Lies den Text und unterstreiche die Subjekte und die Modalverben wie im Beispiel.

> Mein Praktikum bei Hueber hat mir eigentlich ganz gut gefallen. Ich bin zufrieden. Aber es war echt anstrengend! Ich musste jeden Morgen so früh aufstehen und dann acht Stunden arbeiten. Zum Glück konnte ich meistens mit dem Fahrrad fahren. Das war schneller als mit dem Bus. Die Kollegen in meiner Abteilung waren alle sehr nett. Oft durfte ich interessante Aufgaben machen, aber leider nicht immer. Einmal sollte ich ans Telefon gehen. Mein Kollege konnte gerade nicht, er musste etwas anderes machen. Das wollte ich zuerst nicht so gern, denn ich war echt ziemlich nervös. Aber dann war zum Glück alles kein Problem. Der Mann am Telefon war sehr freundlich.

**b** Ergänze die Tabelle. Es sind nicht alle Formen im Text. Ergänze dann die Regel.

| Modalverben: Präteritum | | | | | |
|---|---|---|---|---|---|
| | können | müssen | dürfen | wollen | sollen |
| ich | konn_____ | muss _te_ | durf_____ | woll_____ | soll_____ |
| du | konntest | | | | |
| er/es/sie | konn_____ | muss_____ | | | |
| wir | konnten | | | | |
| ihr | konntet | | | | |
| sie/Sie | konnten | | | | |

> Die Modalverben haben im Präteritum keine Umlaute: ö, ü → _____, _____

↓ NACH AUFGABE 10 ▎

**14** Ergänze die Modalverben im Präteritum.

1. ▲ Was war denn gestern los? Wo wart ihr?
   - ● Tut mir leid, wir _konnten_ (können) nicht kommen, weil wir nicht auf die Party gehen
     _____ (dürfen).
2. ■ Sabine _____ (wollen) doch um vier Uhr hier sein.
   - ◆ Ja, aber sie _____ (müssen) noch ihre Oma besuchen.
3. ▼ Wie war's in Paris? _____ (dürfen) du einen Sprachkurs machen?
   - ● Ja. Nach drei Monaten _____ (können) ich auch ziemlich gut Französisch sprechen.
4. ◆ Warum sind die Hausaufgaben noch nicht fertig?
   - ● Ich _____ (wollen) sie ja machen, aber ich _____ (können) nicht.
     Sie waren zu schwer.

**15a** Lies den Blogtext von Pia. Unterstreiche die Satzteile mit Modalverben wie im Beispiel.

> PIA | Letzten Samstag durfte ich bei meiner Freundin Maja schlafen, weil wir eine Garten-
> party machen wollten. Majas Eltern sind echt total nett. Leider hat es geregnet und
> wir konnten keine Würstchen grillen. Also mussten wir in Majas Zimmer feiern. Aber
> es war trotzdem super. Wir durften auch ziemlich laut Musik hören, das war okay für
> Majas Eltern. Wir sollten nur die Nachbarn informieren. Am Sonntag konnten wir zum
> Glück lange schlafen. Aber dann mussten wir natürlich auch alles aufräumen.

**b** Hast du auch schon einmal bei einer Freundin / einem Freund
übernachtet? Was *durftet/wolltet/musstet/solltet* ihr machen?
Schreib einen Blogtext in dein Heft.

AUSSPRACHE

**16** ei/ai – au – eu/äu: **Hör zu und sprich nach.**

7

| ei/ai | → | Eis | langweilig | beide | Mai | Seite | weiß |
| au | → | Aufgabe | kaufen | Pause | traurig | genau | Traum |
| eu/äu | → | freuen | aufräumen | Leute | träumen | Zeugnis | Euro |

**17** **Hör zu und sprich nach.**

8

| 1. ei/ai – au | 2. au – eu/äu | 3. ei/ai – eu/äu |
| Eis – aus | Haus – Häuser | frei – freuen |
| heiß – Haus | Frau – freuen | Mai – Mäuse |
| Leid – laut | laut – Leute | nein – neun |
| Reis – raus | Raum – Räume | leider – Leute |

**18** **Was hörst du? Kreuze an.**

9

| | ei/ai | au | eu/äu |
| 1. | ○ | ○ | ○ |
| 2. | ○ | ○ | ○ |
| 3. | ○ | ○ | ○ |
| 4. | ○ | ○ | ○ |
| 5. | ○ | ○ | ○ |

au   a+o
ei / ai   a+i
eu / äu   o+i

**19a** **Ergänze ei/ai, au oder eu/äu. Hör dann zu und vergleiche.**

10

▲ Verr........st du h........te?

● Ja, wir machen ........ne R........se ins ........sland.

▲ Toll! Mit dem ........to?

● Ja, mit dem ........to durch ........ropa. Ich fr........e mich schon! Und was macht ihr?

▲ Wir bl........ben l........der zu H........se.

**b** **Sprecht den Dialog zu zweit.**

# (30) Lernwortschatz

Das sind deine Wörter!

der Stress (nur Sg.) .......................................... *stressig → der Stress*

das Praktikum, die Praktika .......................................... Jonas macht am Flughafen ein ~.

die Ausbildung, -en .......................................... Jonas möchte nicht mehr zur Schule gehen. Er möchte lieber eine ~ machen.

die Bewerbung, -en .......................................... ◆ Ich möchte ein Praktikum im Krankenhaus machen.
▲ Dann musst du zuerst eine ~ schreiben.

die Firma, die Firmen .......................................... ■ In den Ferien helfe ich meinen Eltern in der ~.

die Abteilung, -en .......................................... ◆ Bei meinem Praktikum habe ich verschiedene ~ kennengelernt.

anderer / anderes / andere / andere .......................................... ● Bei meinem Praktikum durfte ich jede Woche in einer ~n Abteilung arbeiten.

## Praktikumsorte

die Bäckerei, -en
_____

der Friseursalon, -s
_____

das Büro, -s
_____

der Kindergarten, ∴
_____

das Sportgeschäft, -e
_____

## Berufe

der Techniker, - / die Technikerin, -nen
_____

der Verkäufer, - / die Verkäuferin, -nen
_____

der Krankenpfleger, - / die Krankenschwester, -n
_____

der Polizist,-en / die Polizistin, -nen
_____

der Bäcker, - / die Bäckerin, -nen
_____

der Ingenieur, -e / die Ingenieurin, -nen

der Friseur, -e / die Friseurin, -nen
_____

werden (du wirst, er/es/sie wird, ist geworden) .......................................... ◆ Ich möchte später Krankenpfleger ~, weil ich gern mit Menschen arbeite.

dauern .......................................... ● Mein Praktikum hat drei Wochen ~. (*Perfekt*) der IT- Service, -s ............................................

> IT = Informationstechnik

spannend ............................................

▲ Das Praktikum in der IT-Abteilung war sehr ~ und überhaupt nicht langweilig.

 das Gepäck (nur Sg.) ............................................

anstrengend ............................................

■ Die Arbeit in der Gepäckabteilung war ~. Am Abend war ich sehr müde.

der Kollege, -n / die Kollegin, -nen ............................................

● Die ~ in der Gepäckabteilung waren sehr nett.

zufrieden ............................................

Jonas ist mit seinem Praktikum ~. Es hat ihm ganz gut gefallen.

der Preis, -e ............................................

▼ Wir brauchen noch ~ für den Flohmarkt. Wie viel Geld nehmen wir für das Hemd?
▲ Hm, vielleicht drei Euro?

---

*Erinnerst du dich?*
**der Job, -s** ............................................

 der Informatiker, - / die Informatikerin, -nen
............................................

 der Professor, -en / die Professorin, -nen
............................................

 der Künstler, - / die Künstlerin, -nen
............................................

der Schauspieler, - / die Schauspielerin, -nen
............................................

 der Politiker, - / die Politikerin, -nen
............................................

 das Model, -s
............................................

 der Architekt, -en / die Architektin, -nen
............................................

der Lehrer, - / die Lehrerin, -nen
............................................

 der Hausmann, ¨er / die Hausfrau, -en
............................................

 der Koch, ¨e / die Köchin, -nen
............................................

 der Arzt, ¨e / die Ärztin, -nen
............................................

 der Sekretär, -e / die Sekretärin, -nen
............................................

 der Trainer, - / die Trainerin, -nen
............................................

 der Tänzer, - / die Tänzerin, -nen
............................................

## Lesen

**1a** Lies die Überschriften A–F. Lies dann die beiden Texte und ordne die Überschriften den Textabschnitten 1–6 zu.

Ⓐ Wo gibt es Infos?  Ⓑ Warum ein Schülerpraktikum?  Ⓒ Wann und wie lange?

Ⓓ Meine Aufgaben  Ⓔ So habe ich meinen Praktikumsplatz gefunden  Ⓕ Das denke ich

www.schülerinfo_aktuell.de

**Schülerpraktikum gesucht? Hier findest du Antworten auf deine Fragen.**

①◯ Ist dein Traumberuf der richtige für dich? Mit einem Schülerpraktikum lernst du diesen Beruf wirklich kennen. So findest du auf jeden Fall leichter den richtigen Beruf für dich.

②◯ Ein Schülerpraktikum machst du oft in der 8. oder 9. Klasse. Es dauert eine oder zwei Wochen. Du bekommst kein Geld, aber du sammelst sehr viele neue Erfahrungen.

③◯ Frag in deiner Schule, dort bekommst du mehr Informationen. Hilfe gibt es auch im Internet, zum Beispiel auf Webseiten für Schüler. Hier bei SCHÜLERINFO zum Beispiel kannst du die passende Firma für dich finden. Außerdem gibt es hier auch noch Tipps für deine Bewerbung. Viel Erfolg!

**Mein Schülerpraktikum am Theater:**

④◯ Ich heiße Viola, gehe in die Klasse 8b in der Anne-Frank-Schule und mache gerade ein Schülerpraktikum in einem Theater. Viele Leute fragen mich: Wie hast du dieses Praktikum gefunden? Also, zuerst habe ich im Internet ein paar interessante Theater in meiner Stadt gesucht, dort angerufen und Bewerbungen geschrieben. Das haben wir in der Schule geübt. Manchmal muss man leider recht lange auf eine Antwort warten. Zum Glück hat es bei mir recht schnell geklappt!

⑤◯ Am ersten Morgen hatte ich ein bisschen Angst. Was passiert da? Was darf ich machen? Diese Fragen hat bestimmt jeder, der zum ersten Mal ein Praktikum macht. Natürlich war alles total neu für mich. Aber die Leute waren sehr freundlich und haben mir zuerst alles gezeigt. Ich durfte faxen, kopieren, Tickets verkaufen, den Schauspielern helfen und viele andere Dinge machen, nur Theater spielen durfte ich leider nicht.

⑥◯ Arbeit und Schule, das kann man echt nicht vergleichen! Man hat nur 45 Minuten Pause, man muss mindestens acht Stunden arbeiten und man muss machen, was die Kollegen sagen. Abends war ich immer ziemlich müde. Trotzdem finde ich so ein Praktikum toll. Man darf viel ausprobieren und lernt viel. Und mein Traumberuf? Ist immer noch Schauspielerin!

**b** Lies die Fragen und unterstreiche die Informationen im Text. Schreib die Antworten in dein Heft.

1. Warum macht man ein Schülerpraktikum?
2. Wie lang ist ein Schülerpraktikum?
3. Was muss man machen, wenn man einen Praktikumsplatz sucht?
4. Wie hat Viola ihr Praktikum gefunden?

5. Welche Fragen haben die meisten Jugendlichen bei ihrem ersten Praktikum?
6. Wie hat Viola das Schülerpraktikum gefallen? Warum?

## Hören

**2a** Schau das Bild an und hör den Anfang einer Radiosendung. Um welche Stadt geht es? Kreuze an.

11

1. Berlin ◯   2. München ◯   3. Hamburg ◯

**b** Du hörst eine Radiosendung in drei Teilen.
Zu jedem Teil gibt es zwei Aufgaben.
Was ist richtig? Kreuze an.

2-14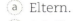

> Lies die Aufgaben 1 und 2 und markiere wichtige
> Informationen. Hör dann Teil 1 und kreuze an.
> Bist du noch unsicher? Dann hör noch einmal.

**Teil 1**
1. Die Sendung „Sommer in der Stadt"
   ist für …
   a Eltern.
   b Schüler.
   c Lehrer.

2. Elisa …
   a arbeitet bei Radio Jumax.
   b gibt den Hörern Tipps
     für Hamburg.
   c braucht viel Geld in Hamburg.

**Teil 2**
3. Der Hamburger Fischmarkt …
   a ist berühmt.
   b keine Attraktion.
   c ist wie Karneval.

4. Auf dem Hamburger Fischmarkt …
   a kann man nur frischen Fisch kaufen.
   b sind nie viele Leute.
   c kann man schon sehr früh einkaufen.

**Teil 3**
5. An der Elbe …
   a ist feiern verboten.
   b gibt es keinen Strand.
   c kann man große Schiffe sehen.

6. Die „Strandperle" ist …
   a ein Restaurant.
   b ein Kiosk.
   c ein Klub.

## Schreiben

**3a** Dein Brieffreund Mario kommt zu dir zu Besuch. Lies seine E-Mail und unterstreiche alle Fragen.

Von: mariomüller@gms.de

Hallo!
Wie geht es dir? Bald komme ich und ich freue mich schon sehr (nur noch eine Woche!).
Wie ist denn das Wetter bei euch? Soll ich eine warme Jacke mitnehmen? Deine Stadt finde
ich sehr interessant. Ich habe schon ein bisschen im Internet recherchiert. Wo bist
du denn am liebsten? Hast du einen Lieblingsplatz? Und deine Freunde möchte ich natürlich
auch gern kennenlernen, wenn das okay ist. Ich komme am Freitag um 17:40 Uhr am Bahnhof an.
Soll ich mit der U-Bahn fahren oder holt ihr mich ab? Ach ja, noch etwas: Ich möchte gern ein
Geschenk für deine Eltern kaufen. Mögen sie Schokolade, was meinst du?

Viele Grüße und bis bald
Mario

> Nicht vergessen:
> Hast du Marios
> Fragen alle
> beantwortet?

> Besondere Ausdrücke wie
> *natürlich, auf jeden Fall,
> vielleicht, immer* machen
> deinen Text interessanter.

**b** Schreib eine E-Mail in dein Heft und antworte.

Mach die Übungen. Schau dann auf S. 94 und kontrolliere.
Kreuze an:  ☺ *Das kann ich sehr gut!* / 😐 *Das geht so.* / ☹ *Das muss ich noch üben.*

**1** Im Bus: Eine alte Frau will aussteigen und vergisst eine Tüte. Was sagst du?

_____

*Ich kann ein Gespräch mit jemandem anfangen und Zugehörigkeit ausdrücken.*  ☺ 😐 ☹

**2a** Du bist mit zwei Freunden verabredet und kannst nicht kommen. Was sagst du?
- ■ *Entschuldigung, ich* _____ .
- *Tut* _____ .

**b** Was antworten die beiden?
- ☺ *Kein* _____ *! Das* _____
- 😐 *Das finde* _____

*Ich kann mich entschuldigen und eine Entschuldigung annehmen.*  ☺ 😐 ☹

**3** Du bist mit einer Freundin im Café. Die Kellnerin kommt an euren Tisch.
Was sagt ihr?
- ◆ *Können wir bitte* _____ *? Ich* _____ .

  _____

- ▲ *Und ich* _____ .

  _____

*Ich kann Essen und Getränke bestellen.*  ☺ 😐 ☹

**4** Deine Freundin möchte Moderatorin beim Radio werden.
Welche Tipps gibst du ihr?

*Mach …* _____ *!*

*Du kannst …* _____

_____

*Ich kann über die Berufsausbildung sprechen.*  ☺ 😐 ☹

**5** Deine Oma ist neugierig und will immer alles wissen. Was sagt sie?

_____ *doch mal!* _____

*Ich kann jemanden zum Sprechen auffordern.*  ☺ 😐 ☹

**6** Paul hat ein Praktikum im Kindergarten
gemacht. Was durfte/musste er machen?
War er zufrieden? Schreib in dein Heft.

*Ich kann über berufliche Aktivitäten sprechen
und Zufriedenheit ausdrücken.*  ☺ 😐 ☹

*Meistens … und …*

*Manchmal durfte/musste er …*

*Eigentlich war er sehr …*

# Sofie möchte zum Casting.

NACH AUFGABE 2 |

**1** **Welche Farbe ist das? Ergänze.**

⬤ 1. *hellrot*　　　　　⬤ 3. _____　　　　⬤ 5. _____

⬤ 2. *dunkel...*　　　　⬤ 4. _____　　　　⬤ 6. _____

GRAMMATIK

**2a** **Zeichne die Dinge.**

Ⓐ

ein kariertes Handtuch

Ⓑ

blaue Tanzschuhe

Ⓒ

eine dunkelrote Wasserflasche

Ⓓ

ein gestreiftes Top

Ⓔ

ein grüner Apfel

Ⓕ

eine hellblaue Monatskarte

**b** **Unterstreiche die Adjektive in 2a und ergänze die Tabelle. Schreib die Adjektivendungen in den Artikelfarben.**

| unbestimmter Artikel + Adjektiv im Nominativ | | |
|---|---|---|
| ein | *grüner* | Apfel |
| ein | _____ | Top |
| eine | _____ | Wasserflasche |
| – | _____ | Tanzschuhe |

**3** **Ergänze die Adjektivendungen.**

1. ⬤ Hier ist ein weiß *es* Smartphone. Hat das jemand vergessen?

2. ◆ Was ist denn das? ▼ Ein alt____ Computer. ◆ Der ist aber groß.

3. ■ Hier liegen schwarz____ Jeans, eine weiß____ Bluse und ein dunkelblau____ Pullover.

4. ▲ „Duschmax", was ist denn das? ⬤ Das ist ein neu____ Duschgel.

5. ▼ Eine dunkelrot____ Hose und dunkelbraun____ Schuhe? Das sieht nicht gut aus.

6. ⬤ Hier im Bad hängt ein neu____ Handtuch. Gehört es dir? ◆ Ja, Leon hat es mir geschenkt.

7. ■ Schau mal, eine gestreift____ Wasserflasche! Cool!

**4a** Ergänze die Adjektivendungen.

- Schau mal, eine rot-weiß _e_ (1) Wasserflasche. Theo ist doch Bayern-München-Fan.
  Die cool_____ (2) Flasche ist sicher ein toll_____ (3) Geschenk für ihn.
- ▲ Nein, das gestreift_____ (4) T-Shirt da ist besser.
- Und der rot _e_ (5) Schal? Ein rot _er_ (6) Bayern-München-Schal gefällt ihm vielleicht.
- ▲ Ich glaube, rot_____ (7) Fan-Artikel sind nicht so eine toll_____ (8) Idee.
- Da hast du auch wieder recht. Die langweilig_____ (9) Fan-Artikel sind vielleicht doch nicht so gut.
  Wir können Theo doch einen James-Bond-Film auf DVD schenken.
- ▲ Na ja. Und die neu_____ (10) CD von Nastasia? Wie findest du die Idee?
- Komm, wir gehen mal in den CD-Laden an der Ecke.

**b** Ergänze die Tabelle. Schreib die Adjektivendungen in den Artikelfarben.

| Adjektiv im Nominativ | | | |
|---|---|---|---|
| bestimmter Artikel | | unbestimmter Artikel | |
| der rot_e_ Schal | | ein rot _∅_ Schal | |
| das gestreift_____ T-Shirt | | ein toll_____ Geschenk | |
| die neu_____ CD | | eine toll_____ Idee | |
| die langweilig_____ Fan-Artikel | | – rot_____ Fan-Artikel | |

**c** Lies noch einmal die Beispiele in **4b**. Wie verändern sich die Adjektivendungen beim unbestimmten Artikel? (Markiere.)

**5** Was ist richtig? Unterstreiche.

① Citygame – das <u>tolle</u>/tolles Online-Spiel ab 12 Jahren

② Vitamixxx – der leckerer/leckere Saft für Sport und Schule

③ Ein gutes/gute Foto sagt mehr als 1000 Worte: Digitalkameras von Alpha

④ Intelligente/Intelligenten Spiele für Strategie-Fans: jetzt online!

⑤ Ein heißer/heiße Sommer braucht „Icekalt", das coole/cooles Eis für coole Leute!

⑥ Eine schöne/schönen Frau liebt Rosaline: das Parfüm für die romantische/romantischen Stunden!

↓ NACH AUFGABE 3 ▌

**6** Was ist richtig? Unterstreiche.

1. ◆ Papa, hast du meine Schlüssel gesehen? Morgen/Vorhin waren sie doch noch hier.
   ● Schau doch mal in die Küche. Jetzt/Heute Vormittag haben sie auf dem Küchentisch gelegen.
2. ▼ Morgen/Gestern früh muss ich schon um halb sieben aufstehen. Wir machen einen Ausflug.
   ● Das ist doch toll.
3. ▼ Vorhin/Morgen hat Paul angerufen. Du sollst heute/vorhin Abend zu ihm kommen.
4. ■ Komm, hilf mir bitte. ● Ja, Mama. In zwei Minuten. ■ Nein, ich brauche dich vorhin/jetzt.

NACH AUFGABE 4

SCHREIBTRAINING

**7a** Eine halbformelle E-Mail schreiben. Lies die Anzeigen B und C im Kursbuch (Seite 27, Aufgabe 4a) noch einmal. Wähle eine Anzeige aus und beantworte die Fragen. Schreib in dein Heft.

1. Sucht man in der Anzeige Mädchen oder Jungen?
2. Wie alt müssen sie sein?
3. Was müssen sie mitschicken?
4. An welche Adresse soll man die E-Mail schicken?

**b** Max interessiert sich für ein Casting und möchte eine E-Mail schreiben. Was passt? Kreuze an.

1. Die Anrede: ◯ Liebes Casting, ◯ Hi Frau Plaum, ◯ Liebe Frau Plaum,
2. Der Betreff: ◯ Betreff: Casting ◯ Betreff: Tänzer und Fotomodelle ◯ Betreff: Mein Hobby
3. Der Gruß: ◯ Tschüss. Bis bald dein Max ◯ Viele Grüße Max Baumann ◯ Dein Max

**c** Du hast Interesse an dem Casting in Anzeige B oder C. Schreib eine E-Mail in dein Heft.

• Stell dich vor (Name, Alter).
• Wie gut kannst du tanzen? (Anzeige B) / Wie siehst du aus? (Anzeige C)
• Was schickst du mit?
• Welche Fragen hast du?

GRAMMATIK

NACH AUFGABE 6

**8a** Was macht Sofie, wenn …? Verbinde.

1. Wenn Sofie krank ist,
2. Wenn Sofie eine neue Frisur haben möchte,
3. Wenn Sofies Tanzlehrerin nicht pünktlich zum Tanzkurs kommt,
4. Wenn Sofie neue Leggings braucht,
5. Wenn es heute Abend regnet,

ⓐ dann kann sie einkaufen gehen.
ⓑ dann ärgert sich Sofie.
ⓒ muss sie zum Friseur gehen.
ⓓ fährt Sofie mit dem Bus zum Tanzkurs.
ⓔ dann muss sie zu Hause bleiben.

> Übersetze diese Sätze. Wie heißt *wenn* in deiner Sprache?

**b** Lies das Beispiel aus 8a noch einmal und ergänze.

Sofie **ist** krank. Sie muss zu Hause bleiben.

_____ Sofie krank _____, dann muss sie zu Hause bleiben.

**c** Schau noch einmal 8a und 8b an. Lies dann die Regel. Was ist richtig? Unterstreiche.

*Konjunktion* wenn

Der *wenn*-Satz ist ein Hauptsatz / Nebensatz : Das konjugierte Verb steht am Ende.

Das Wort *dann* kann man verwenden.

**d** Lies noch einmal das Beispiel aus 8a und ergänze das Schema. Was verändert sich im Hauptsatz nach dem *wenn*-Satz? Zeichne ( ↘ ).

*Nebensatz*          *Hauptsatz*

| | *Sie* | *muss* | *zu Hause* | *bleiben.* |
| Wenn Sofie krank ist, (dann) | | | | |

**9** Ergänze die Sätze mit *wenn*.

> Hilfe brauchen  ✕  es regnet  ✕  ins Schwimmbad gehen  ✕  krank sein

1. *Wenn sie* ........................................, dann darf Sofie nicht zum Casting gehen.
2. ........................................, dann können wir leider nicht zu dem Open-Air-Konzert gehen.
3. ........................................, dann kannst du mich anrufen.
4. ........................................, dann kannst du das neue Handtuch mitnehmen.

**10** Verbinde die Sätze mit *wenn*. Schreib in dein Heft.

1. Timo lernt nicht für die Prüfung. Er bekommt eine schlechte Note.
2. Julia ist verliebt. Sie liest romantische Gedichte.
3. Isabel schreibt eine gute Note in Mathe. Sie darf am Wochenende auf ein Konzert gehen.
4. Felix besucht Miriam. Er zieht eine coole Hose an.
5. Jan übt Schlagzeug. Seine Schwester nimmt ihre Kopfhörer und hört laut Musik.

> 1. Wenn Timo nicht für die Prüfung lernt, bekommt er…

GRAMMATIK

**11** Was passt? Ordne zu.

> Tims Mutter holt Tim mit dem Auto ab, wenn die Party zu Ende ist.  ✕
> Wenn die Party zu Ende ist, fährt Tim mit dem Bus nach Hause.

> Der *wenn*-Satz kann vor oder nach dem Hauptsatz stehen. Zwischen dem Hauptsatz und dem Nebensatz steht ein Komma.

1. ........................................
........................................
........................................
........................................

2. ........................................
........................................
........................................
........................................

**12**  Ergänze die Sätze. Schreib in dein Heft.

> 1. Ich stehe am Wochenende nur früh auf, wenn …

> 2. Wenn ich am Wochenende früh ins Bett gehe, dann …

↓  NACH AUFGABE 8 ▎

**13**  Passt das zu *gesund* oder *krank?* Ordne zu. Schreib in dein Heft.

> Fieber haben ✖ ins Kino gehen ✖ Grippe haben ✖ Fußball spielen ✖
> zur Ärztin gehen ✖ im Krankenhaus sein ✖ Tabletten nehmen ✖ es geht mir gut ✖
> in die Apotheke gehen ✖ auf ein Straßenfest gehen ✖ im Bett bleiben

> **gesund**
> *ins Kino gehen,* _____

> **krank**
> _____

↓  NACH AUFGABE 10 ▎

**14**  Schreib Sätze. Du kannst diese Verben benutzen: *mögen, haben, tragen, werfen, bekommen*

1. Topmodel, Kleid: *Topmodels tragen oft schöne Kleider.*

2. Star, Talent: _____

3. Publikum, Fernsehsendung: _____

4. Kandidatin, Chance: _____

5. Flasche, Müllcontainer: _____

**15a**  Was ist für eine Kandidatin / einen Kandidaten ein Traum, was ist ein Albtraum?
Schreib in dein Heft.

> reich sein ✖ verlieren ✖ beliebt sein ✖ berühmt sein ✖ schön sein ✖ weinen ✖
> Erfolg haben ✖ das Publikum vergisst sie/ihn schnell ✖ ihr/sein Talent zeigen ✖
> Kritik bekommen ✖ das Publikum protestiert ✖ das Publikum reagiert nett

> *Traum: reich sein, …*    *Albtraum: …*

**b**  Was denken die beiden Kandidatinnen? Ergänze Sätze mit den Ausdrücken aus
15a in dein Heft.

> ① Ich habe Angst, dass …

> ② Ich möchte …

**16a** Ergänze den Infinitiv der Verben.

1. stattgefunden _stattfinden_

2. geweint _____

3. reagiert _____

4. vergessen _____

5. geweint _____

6. bekommen _____

**b** Was ist hier passiert? Schreib eine Geschichte in dein Heft und benutze mindestens drei Verben aus 16a.

**17** Finde zwei kleine Dialoge (drei Teile pro Dialog) und schreib sie in dein Heft.

Ich finde, dass Topmodel ein toller Beruf ist. ✖ Ja, da hast du recht. Aber sie verdienen auch sehr viel Geld. ✖ Ja, da hast du recht. Aber man ist berühmt und darf schöne Kleider tragen. Das finde ich toll. ✖ Ich glaube, dass Schauspieler glücklich sind, denn sie können ihr Talent zeigen. ✖ Nein, das finde ich nicht, denn man muss schlank sein und darf nicht viel essen. ✖ Das stimmt. Aber sie können auch viel Kritik bekommen.

◆ Ich finde, dass Topmodell ein toller Beruf ist.

● …

AUSSPRACHE

**18a** Hör zu und sprich nach.

15

Jakob: Wer fährt zum Casting? Luisa?
Anna: Nein, doch nicht Luisa! Sofie fährt zum Casting.
Nina: Fabio sagt, sie fährt nach Dortmund.
Anna: Nein, sie fährt doch nicht nach Dortmund! Sie fährt nach Düsseldorf.
Oskar: Und wann fährt sie? Am Freitag?
Anna: Nein, doch nicht am Freitag! Sie fährt am Samstag.
Lena: Tim sagt, sie fliegt nach Düsseldorf.
Anna: Nein, sie fliegt doch nicht! Sie fährt nach Düsseldorf. Mit dem Zug!
Ben: Jonas sagt, Sofie fährt zum Fotoshooting.
Anna: Nein, doch nicht zum Fotoshooting! Sie fährt zum Casting.

So kannst du wichtige Informationen besonders betonen.

**b** Sprecht die Dialoge zu zweit.

**19** Schreibt zu zweit kleine Dialoge wie in 18a und spielt sie in der Klasse vor.

das Top, -s

der Tanzschuh, -e

die Wasserflasche, -n

das Duschgel, -s

die Monatskarte, -n

das Handtuch, ¨er

hell (+ Farbe)

Sofies Wasserflasche ist ~blau.

dunkel (+ Farbe)

↔ hell

vorhin

◆ ~ waren meine Schlüssel noch hier, jetzt sind sie weg.

die Frisur, -en

Anna war beim Friseur. Jetzt hat sie eine neue ~.

das Casting, -s

statt|finden
(hat stattgefunden)

Das Casting ~ am Montag ~. (Perfekt)

das Talent, -e

der Betreff, -e

Von:      simonmiller@mail.
An:       computerclub@pasi
Betreff: Mitglied im Compu

Jede E-Mail braucht einen Betreff. Hier steht das Thema der E-Mail.

das Fieber,-

die Grippe, -n

Sofie hat eine ~.
Sie muss im Bett bleiben.

wenn ..., (dann) ...

~ Sofie Fieber hat, (~) kann sie nicht zum Casting gehen.

die Tablette, -n

die Apotheke, -n

Wenn Sofie krank ist, geht ihre Mutter in die ~ und kauft Tabletten.

sich langweilen

Wenn Sofie im Bett bleiben muss, dann ~ sie ~.

gesund

↔ krank

🌐 **die Castingshow, -s** _____

   🌐 der Kandidat, -en / die Kandidatin, -nen      🌐 der Star, -s

       die Fernsehsendung, -en                     der Erfolg, -e

       das Publikum (nur Sg.)                  die Kritik, -en

   🌐 die Chance, -n

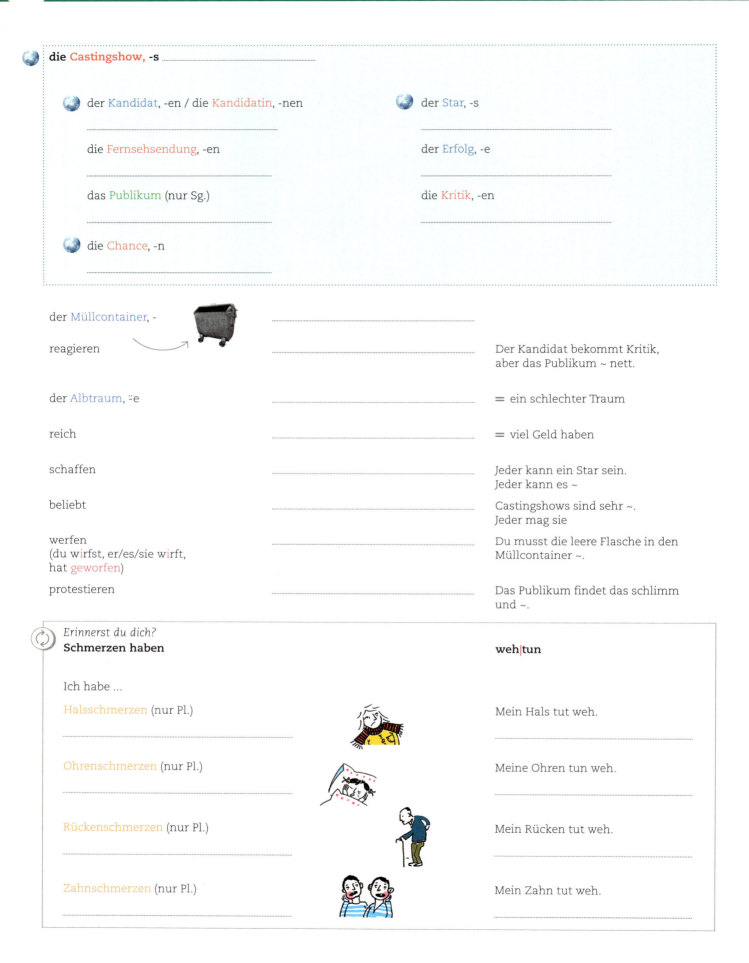

der Müllcontainer, -

reagieren                                         Der Kandidat bekommt Kritik, aber das Publikum ~ nett.

der Albtraum, ⸚e                               = ein schlechter Traum

reich                                          = viel Geld haben

schaffen                                    Jeder kann ein Star sein. Jeder kann es ~

beliebt                                     Castingshows sind sehr ~. Jeder mag sie

werfen
(du wirfst, er/es/sie wirft, hat geworfen)                           Du musst die leere Flasche in den Müllcontainer ~.

protestieren                                   Das Publikum findet das schlimm und ~.

---

🔄 _Erinnerst du dich?_
**Schmerzen haben**                                      **weh|tun**

Ich habe ...

Halsschmerzen (nur Pl.)                          Mein Hals tut weh.

Ohrenschmerzen (nur Pl.)                      Meine Ohren tun weh.

Rückenschmerzen (nur Pl.)                     Mein Rücken tut weh.

Zahnschmerzen (nur Pl.)                      Mein Zahn tut weh.

# Wie heißt die 32 000-Euro-Frage?

NACH AUFGABE 1

> Serie ✕ Lateinisch ✕ Joker ✕ ~~Quizsendung~~ ✕ Moderator

**1** **Ergänze.**

1. ◆ Was kann man in dieser _Quizsendung_ eigentlich gewinnen? ■ Keine Ahnung.

2. ● Der _____ ist gut, nicht? Er ist total witzig.

   ◆ Ja, aber ich finde, er redet zu viel.

3. ▲ Haben die Leute in Italien früher wirklich _____ gesprochen?

   ◆ Ja, gesprochen und geschrieben.

4. ▼ Ich muss gehen. Gleich kommt eine spannende _____.

   ■ Kannst du sie nicht auch später im Internet sehen?

5. ● Oje, diese Frage ist echt schwer. Ich habe keine Ahnung.

   ■ Zum Glück haben Sie ja noch einen _____.

**2** **Wie heißen die Tiere? Lös das Rätsel.**

NACH AUFGABE 2

**3** **Was ist richtig? Unterstreiche.**

1. ◆ Du kannst jetzt nicht mehr Schlagzeug üben. Es ist schon spät. ▼ Okay, ich höre auf / mache an .

2. ■ Wir gratulieren / helfen dir ganz herzlich zum Geburtstag, Oma. ● Oh, das ist aber lieb!

3. ◆ Paul hat sein Frisbee mitgebracht, möchtet ihr mitspielen / ausmachen ? ◆ Oh ja, gern!

4. ● Wir müssen noch aufräumen. Ich habe schon mal angefangen. ▼ Okay, danke! Du kannst jetzt
   aufhören. Ich packe aus / mache weiter .

5. ▲ Hilfst du mir bei der Aufgabe? Ich kann diese Frage nicht bekommen / beantworten .

**4** **Was passt? Kreuze an.**

1. ◆ Diese Jacke haben wir nur noch in Schwarz, nicht in Rot.

   ⓐ ▲ Das weiß ich nicht.   ⓑ ▲ Bis morgen.   ⓒ ▲ Wie schade!

2. ● Theresa will die Fahrrad-Tour nicht mitmachen.

   ⓐ ◆ Das ist eine tolle Idee.   ⓑ ◆ Ja, da kann man nichts machen.   ⓒ ◆ Oh, Entschuldigung.

3. ■ Luca hat das Praktikum leider nicht bekommen.

   ⓐ ▼ Nein, ich bin dagegen.   ⓑ ▼ Schade, dass es nicht geklappt hat.   ⓒ ▼ Jetzt nicht.

NACH AUFGABE 3

**5** Schau das Bild an und lies. Was ist richtig? Kreuze an.

Der Torwart hat sich verletzt,
(a) deshalb will er aufhören.
(b) trotzdem will er weitermachen.

> Wie sagt man *deshalb* und *trotzdem* in deiner Sprache?

GRAMMATIK

**6a** Ergänze *deshalb* oder *trotzdem*.

1. Oliver weiß viel,  (a) _____ macht er bei einer Quizsendung mit.
 (b) _____ kann er nicht alle Fragen beantworten.

2. Wir waren nur einen Tag in Köln, (a) _____ haben wir viel gesehen.
 (b) _____ haben wir nur das Stadtzentrum angeschaut.

3. Sofie hat Fieber, (a) _____ will sie zum Casting.
 (b) _____ muss sie im Bett bleiben.

**b** Schreib die Sätze mit *deshalb* und *trotzdem* aus **6a** in das Schema. Ergänze dann die Regel.

|  | Position 1 | Position 2 |  |  | Ende |
|---|---|---|---|---|---|
| 1. Oliver weiß viel, | *deshalb* |  |  | *bei einer Quizsendung* |  |
| 2. Wir waren nur einen Tag in Köln, |  |  |  |  | *gesehen.* |

*Trotzdem* steht – genauso wie *deshalb* – auf Position ____. Das konjugierte Verb steht auf Position ____.

**7** Verbinde die Sätze mit *deshalb* oder *trotzdem* und schreib sie in dein Heft.

1. Jonas durfte nicht im Tower arbeiten. Er war mit seinem Praktikum zufrieden.
2. Die Medien-AG hat im Wettbewerb gewonnen. Luisa und Sofie fahren nach Salzburg.
3. Anna findet Trialfahren sehr gefährlich. Sie möchte es nicht machen.
4. Jonas hat Anna ins Eiscafé eingeladen. Er spricht nur mit seinen Freunden.

*1. Jonas durfte nicht im Tower arbeiten, trotzdem war er mit seinem Praktikum zufrieden.*

**8** Schreib Sätze mit den Wörtern in dein Heft. Verwende *deshalb* und *trotzdem*.

müde sein • chatten • Freunde treffen • trainieren

*Ich gehe abends immer früh ins Bett, trotzdem bin ich am nächsten Tag immer müde. / Ich habe gestern sehr lange ferngesehen, deshalb …*

NACH AUFGABE 6

**9** **Ordne die Zahlen.** | eine Million ✕ zehntausend ✕ ~~hundert~~ ✕ hunderttausend ✕ tausend |

*hundert* .................................... ‹ .................................... ‹

.................................... ‹ .................................... ‹

....................................

> Wenn vor *hundert* und *tausend* eine höhere Zahl steht, sagst du *einhundert* und *eintausend*.
>
> *1101 tausendeinhunderteins*

**10** **Was passt zusammen? Verbinde.**

| 280 | achthundertzwei | elftausendvierhundertzehn | 802 |

| sechshunderttausendsiebenhunderteinunddreißig | 99 915 | tausendeinhunderteins |

| sechstausendneunhundertsiebenundsiebzig | 1101 | zweihundertachtzig |

| 6977 | neunhundertneunundneunzigtausendfünfhundertneunzehn | 11 410 |

| 600 731 | neunundneunzigtausendneunhundertfünfzehn | 999 519 |

**11** **Lies den Text und beantworte die Fragen. Schreib die Zahlen als Wörter.**

### Neuer Weltrekord

31 Stunden Fußball spielen ohne Pause und 346 Tore: Diesen neuen Weltrekord konnten am Wochenende 1285 Spielerinnen und Spieler beim großen Fußballturnier in der Allianz-Arena feiern.

Die Kicker waren zwischen 15 und 55 Jahre alt. Die Teilnahme am Turnier kostete 5 Euro. Mit dem Geld, insgesamt 6425 Euro, möchte der Klub Sport-AGs an Schulen fördern.

Allianz-Arena in München

1. Wie lange hat das Turnier gedauert? ....................................................................
2. Wie viele Spieler haben mitgemacht? ....................................................................
3. Wie viele Tore haben die Spieler geschossen? ....................................................................
4. Wie viel Geld hat der Klub am Ende bekommen? ....................................................................

NACH AUFGABE 8

**12** **Was passt nicht? Streiche durch.**

1. Medien: Digitalkamera — ~~Schlüssel~~ — Laptop — Lautsprecher
2. Wohnung: Möbel — Waschmaschine — Radweg — Flur
3. Sprache: Wörterbuch — Lateinisch — Schlange — Wort
4. Sport: Mountainbike — Fieber — Boot — Surfbrett

Sofie

**13a** Schau die Bilder an und lies die Sätze. Ordne zu.

 Glückwunsch!

A ○  B ○  C ○  D 1

1. Das Mädchen hat einen <u>tollen</u> Laptop bekommen.  3. Der Mann nimmt eine coole Gitarre mit.

2. Die Frau hat ein schönes Boot gewonnen.  4. Der Junge hat große Lautsprecher gewonnen.

**b** Unterstreiche in **13a** die Adjektive und ergänze die Tabelle.
Schreib die Adjektivendungen in den Artikelfarben.

| unbestimmter Artikel + Adjektiv im Akkusativ | | |
|---|---|---|
| einen | *tollen* | Laptop |
| ein | | Boot |
| eine | | Gitarre |
| – | | Lautsprecher |

(!) Akkusativ maskulin: *einen tollen*

Alle anderen Formen sind im Akkusativ und im Nominativ gleich.

**14** Ergänze die Adjektivendungen. Kreuze dann an und ergänze selbst ein Beispiel.

1. Was trinkst du morgens gern?

○ Einen warm _en_ Kakao.  ○ Eine heiß____ Milch.  ○ Ein kalt____ Mineralwasser.

2. Was schaust du am liebsten?

○ Einen lustig____ Film.  ○ Romantisch____ Serien.  ○ Eine spannend____ Quiz-Sendung.

3. Was machst du in den Ferien am liebsten?

○ Eine schön____ Reise.  ○ Ein interessant____ Praktikum.  ○ Einen toll____ Sprachkurs.

NACH AUFGABE 9

**15** Was hast du heute angezogen?
Schreib in dein Heft.

*Heute habe ich eine gestreifte Hose, … angezogen*

**16** Ergänze die Adjektive in der richtigen Form.

Die **Südasiatische Kobra** *(Naja naja)* ist eine _gefährliche_ Schlange *(gefährlich)* (1). Sie wird 1,5 bis 2 Meter _____ *(lang)* (2) und frisst gern _____ Vögel *(klein)* (3) und andere Tiere. Sie ist _____ *(braun)* (4) und hat am Kopf eine Zeichnung: Die Zeichnung sieht aus wie eine _____ Brille *(groß)* (5), deshalb hat die Schlange auch den _____ Namen *(lustig)* (6) „Brillenschlange". Die Schlange kann gut schwimmen, aber auch klettern. Das _____ Tier *(interessant)* (7) lebt in Indien, Sri Lanka, Pakistan und Bangladesch.

NACH AUFGABE 10

**17** **Was passt? Ergänze.**

> Grundschule ✗ Gewinn ✗ ~~Millionärin~~ ✗ Lotto ✗ Rentnerin ✗ Tierschutzverein

1. Diese Frau hat sehr viel Geld. Das ist eine *Millionärin* .
2. Dort passt man auf, dass es den Tieren gut geht. Das ist ein _____ .
3. Mit diesem Zahlenspiel kann man viel Geld gewinnen. Das Spiel heißt _____ .
4. Die Kinder gehen dort in die Klassen 1 – 4. Das ist die _____ .
5. Diese Sachen oder dieses Geld hat man gewonnen. Das ist der _____ .
6. Diese Frau bekommt Geld, weil sie lange gearbeitet hat. Das ist eine _____ .

**18** **Was ist richtig? Unterstreiche.**

1. ● Wir danken / fragen euch, dass ihr so schön mitgemacht habt!
2. ■ Unsere Schule hat Geld gesammelt und zeigt / spendet es jetzt kranken Kindern.
3. ▼ Ich mache mit Sarah kein Projekt mehr. Ich habe die ganze / schnelle Arbeit allein gemacht.
4. ◆ Die Reise war langweilig / wunderbar . Wir haben so viel gesehen!

NACH AUFGABE 11

GRAMMATIK

**19a** **Was passt? Ordne die Sprechblasen zu.**

② Gib dem Jungen sofort den Ball zurück.

① Siehst du den Jungen dort? Er ist neu in der Schule.

A ○    B ○

**b** **Unterstreiche das Wort *Junge* in 19a. Ergänze dann die Tabelle und die Regel.**

| Nomen: n-Deklination | | |
|---|---|---|
|  | Singular | Plural |
| Nominativ | der Junge | die Jungen |
| Akkusativ | den Junge___ | die Jungen |
| Dativ | dem Junge___ | den Jungen |

genauso: der Name, der Nachbar, der Kollege, der Herr (*Plural:* die Herren)

> (!) der Mensch
> den (dem, die) Menschen
> auch so: der Student

> In der *n*-Deklination bekommt das Nomen
> in allen Formen die Endung _____ oder *-en* ,
> (!) Ausnahme: Nominativ Singular

> Zur *n*-Deklination gehören nur maskuline Nomen.

**20** Ergänze die Endung -(e)n, wo nötig.

1. ■ Schau mal, der Junge........ da kann aber gut tanzen!
2. ◆ Man kann den Name........ auf dem Brief überhaupt nicht lesen.
3. ● Der größte Mensch........ auf der Welt ist 2,51 Meter groß.
4. ■ Opa trifft sich einmal in der Woche mit einem alten Kollege.........
5. ▼ Was erzählt Fanny denn da? Das interessiert doch keinen Mensch........!

**21** Ergänze die Nomen in der richtigen Form.

1. ● Ist Maria verliebt? ■ Ja, sie hat auf dem _Fest_ (Fest) einen sehr netten
_____ (Student) kennengelernt.
2. ▲ Entschuldigung, kannst du mir deinen _____ (Name) noch mal sagen?
Ich habe ihn nicht verstanden. ■ Ich heiße Nathaniel, aber nenn mich einfach „Nat".
3. ◆ Wie geht es denn eurem _____ (Nachbar)? Er hatte doch einen
_____ (Unfall). ■ Es geht ihm schon wieder ganz gut.
Der _____ (Unfall) war nicht so schlimm.
4. ■ Was ist denn mit dem kleinen _____ (Junge) los? Warum weint er denn so?
◆ Er wollte ein _____ (Eis), aber sein _____ (Vater) hat „Nein" gesagt.
5. ● Ich suche einen schönen Schal. ▼ Ja, gern. Ist er für eine Dame oder für einen
_____ (Herr)?

AUSSPRACHE

**22** bst – gst – ngst – lst – rst: Hör zu und sprich nach.

16 ))

| bst [wie pst] | → | du glaubst | am liebsten | Herbst | selbst |
| gst [wie kst] | → | du liegst | du magst | du zeigst | du fragst |
| ngst | → | Angst | du bringst | du hängst | du fängst an |
| lst | → | du spielst | am coolsten | du malst | am schnellsten |
| rst | → | Wurst | du hörst | der erste | am teuersten |

**23** Was hörst du? Kreuze an.

17 ))

| | bst [wie pst] | gst [wie kst] | ngst | lst | rst |
|---|---|---|---|---|---|
| 1. | ○ | ○ | ○ | ○ | ○ |
| 2. | ○ | ○ | ○ | ○ | ○ |
| 3. | ○ | ○ | ○ | ○ | ○ |
| 4. | ○ | ○ | ○ | ○ | ○ |
| 5. | ○ | ○ | ○ | ○ | ○ |
| 6. | ○ | ○ | ○ | ○ | ○ |
| 7. | ○ | ○ | ○ | ○ | ○ |
| 8. | ○ | ○ | ○ | ○ | ○ |

**24** Zungenbrecher: Hör zu und sprich nach.

18 ))

Sebastian Gerstmann isst im Herbst nur das teuerste Obst und jeden Donnerstag und Samstag am liebsten Wurst.

das Quiz, - ............................ Sofies Vater ist in einer ~sendung.

die Sendung, -en ............................ ◆ Welche ~ schaust du am liebsten?
▼ Ich schaue am liebsten Quiz~.

die Serie, -n ............................ ■ Jeden Dienstag kommt meine Lieblings~ im Fernsehen.

beantworten ............................ Sofies Vater ~ die 16000-Euro-Frage ~. *(Perfekt)*

✂ mit|spielen ............................ Sofies Vater ~ in einer Quizsendung ~.

✂ weiter|machen ............................ Sofies Vater möchte auch die nächste Frage beantworten. Er möchte ~.

✂ auf|hören ............................ ↔ weitermachen

🌐 der Joker, - ............................

die Kobra, -s ............................

die Schlange, -n ............................ Eine Kobra ist eine ~.

Lateinisch ............................ Früher haben die Leute in Italien ~ gesprochen und geschrieben.

der Moderator, -en / die Moderatorin, -nen ............................ Der ~ macht eine witzige Sendung.

gratulieren ............................ Der Moderator ~ Sofies Vater: Glückwunsch!

trotzdem ............................ Sofies Vater hat keinen Joker mehr, ~ macht er weiter.

tausend ............................ = 1000

Wenn vor *hundert* oder *tausend* eine höhere Zahl steht, sagst du *einhundert* oder *eintausend*, zum Beispiel: *tausendeinhundert*.

die Million, -en ............................ = 1 000 000

der Radweg, -e ............................ Die Straße ist sehr gefährlich, aber zum Glück gibt es einen ~. Dort kann man mit dem Fahrrad fahren.

das Wörterbuch, ¨er ............................ ● Wie heißt das auf Englisch?
■ Warte, ich schaue im ~ nach.

die Möbel (nur Pl.) ............................ In der Wohnung stehen viele ~: Tische, Stühle, ein Bett …

die Designer-Möbel (nur Pl.) ............................

der Fotokurs, -e ............................ *Foto* + *Kurs* = der *Fotokurs*

bequem ............................ Das Sofa ist sehr ~.

die Waschmaschine, -n ............................ ● So ein Mist, an meiner Hose ist Schokolade.
■ Kein Problem. Wir haben eine ~. Und du kannst eine Hose von mir haben.

🌐 das Mountainbike, -s   ......................................

   der Tanzkurs, -e   ......................................

   das Boot, -e   ......................................

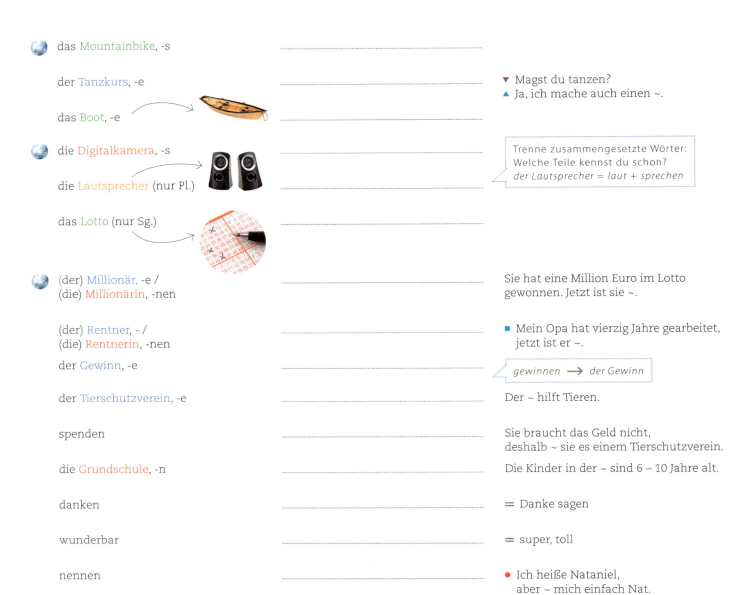

▼ Magst du tanzen?
▲ Ja, ich mache auch einen ~.

🌐 die Digitalkamera, -s   ......................................

   die Lautsprecher (nur Pl.)   ......................................

   das Lotto (nur Sg.)   ......................................

Trenne zusammengesetzte Wörter:
Welche Teile kennst du schon?
*der Lautsprecher = laut + sprechen*

🌐 (der) Millionär, -e /
   (die) Millionärin, -nen   ......................................

Sie hat eine Million Euro im Lotto
gewonnen. Jetzt ist sie ~.

   (der) Rentner, - /
   (die) Rentnerin, -nen   ......................................

■ Mein Opa hat vierzig Jahre gearbeitet,
jetzt ist er ~.

   der Gewinn, -e   ......................................

*gewinnen → der Gewinn*

   der Tierschutzverein, -e   ......................................

Der ~ hilft Tieren.

   spenden   ......................................

Sie braucht das Geld nicht,
deshalb ~ sie es einem Tierschutzverein.

   die Grundschule, -n   ......................................

Die Kinder in der ~ sind 6 – 10 Jahre alt.

   danken   ......................................

= Danke sagen

   wunderbar   ......................................

= super, toll

   nennen   ......................................

● Ich heiße Nataniel,
aber ~ mich einfach Nat.

---

🔄 *Erinnerst du dich?*
**Möbel**

| | | | | |
|---|---|---|---|---|
|  |  |  |  |  |
| das Bett, -en | der Sessel, - | der Teppich, -e | der Stuhl, ⸚e | der Spiegel, - |
|  |  |  |  |  |
| das Sofa, -s | der Schreibtisch, -e<br>der Tisch, -e | der Schrank, ⸚e | der Kühlschrank, ⸚e | das Regal, -e |

# Machen wir etwas zusammen?

↓  NACH AUFGABE 2 |

**1a** **Welches Verb passt? Ordne zu.**

> shoppen ✗ backen ✗ mitbringen ✗ fahren ✗ ~~organisieren~~ ✗ spielen ✗ grillen

1. einen Ausflug — eine Radtour — ein Picknick:  _organisieren_
2. Lautsprecher — Schwimmsachen und ein Handtuch — eine Decke:  _____
3. Fleisch — Würstchen — Hähnchen:  _____
4. Fußball — Basketball — Volleyball:  _____
5. in der Stadt — im Kaufhaus — in den Geschäften:  _____
6. ins Schwimmbad — zum See — in die Stadt:  _____
7. einen Kuchen — Brötchen — eine Torte:  _____

**b** **Was machen Sofie und ihre Freunde am Wochenende? Schreib fünf Sätze mit den Wörtern aus 1a in dein Heft.**

> 1. Sofie und ihre Freunde organisieren am Wochenende ...

**2a** **Was brauchst du? Ordne zu. Schreib die Wörter mit Artikel.**
**Du kannst die Wörter auch öfter verwenden oder weitere Wörter ergänzen.**

> Handtuch • Gitarre • Kuchen • Bikini • Gabel • Lautsprecher • Cola • MP3-Player • Decke •
> Kopfhörer • Badehose • Nudelsalat • Schwimmsachen • Mikrofon • Rucksack • ...

  Ⓐ

  Ⓑ

  Ⓒ

  Ⓓ

schwimmen gehen

_ein Handtuch,_

eine Radtour mit Picknick machen

Musik hören

Musik machen

**b** **Schreib dann vier Sätze in dein Heft.**

> A. Wenn ich schwimmen gehe, brauche ich ein ..., ...

**3a** Was ist höflicher: ⓐ oder ⓑ? Lies die Sätze und kreuze an.

1. ⓐ ● <u>Könntest du</u> bitte deine Gitarre mitbringen?
   ⓑ ● Bring deine Gitarre mit!

2. ⓐ ◆ Wann machen Sie denn endlich Kaffee, Frau Salberger?
   ⓑ ◆ Könnten Sie bitte Kaffee machen, Frau Salberger?

3. ⓐ ■ Wir könnten vielleicht eine Decke und ein Frisbee mitnehmen. Was meinst du?
   ⓑ ■ Wir nehmen eine Decke und ein Frisbee mit. Ist das klar?

4. ⓐ ◆ Ich könnte die Twilight-DVD mitbringen. Das ist mein Lieblingsfilm.
   ⓑ ◆ Ich bringe meinen Lieblingsfilm mit. Den schauen wir dann an.

**b** Unterstreiche in **3a** die Formen von *können* und ergänze die Tabelle.

|  | *Konjunktiv II:* können |
|---|---|
| ich |  |
| du | *könntest* |
| er/es/sie | *könnte* |
| wir |  |
| ihr | *könntet* |
| sie/Sie |  |

> Der Konjunktiv II von *können* ist wie das Präteritum.
> Du musst nur das *o* durch ein *ö* ersetzen:
> *ich k**o**nnte → ich k**ö**nnte*

**4** Schreib höfliche Bitten und Vorschläge in dein Heft.

1. ihr: bitte etwas früher kommen
2. Sie: diese Aufgabe bitte noch einmal erklären
3. du: bitte deine Schwimmsachen mitbringen
4. wir: an den See fahren
5. du: deinen Ball mitnehmen

> 1. Könntet ihr bitte etwas früher kommen?

> Mit *könnt-* kannst du höflich bitten oder Vorschläge machen.

**5** Lies die SMS und mach Vorschläge wie im Beispiel. Schreib in dein Heft.

Mist, so ein blödes Wetter! 🌧 Was machen wir denn heute?

A. Wir könnten zum Beispiel ins Kino gehen.

(A)

(B)

(C)

(D)

(E)

(F)

NACH AUFGABE 4

**6a** **Was passt zusammen? Verbinde.**

1. Das Kind gibt
2. Die Lehrerin erklärt
3. Der Tourist kauft
4. Die Frau zeigt

a  den Schülern die Matheaufgaben.
b  seiner Mutter einen Ball.
c  dem Fahrradfahrer den Weg.
d  seiner Frau ein Geschenk.

**b** **Schreib die Sätze aus 6a in das Schema.**

| Wer? | | Dativ<br>Wem? | Akkusativ<br>Was? |
|---|---|---|---|
| *Das Kind* | *gibt* | *seiner Mutter* | *einen Ball.* |
| | | | |
| | | | |
| | | | |

**c** **Lies noch einmal die Sätze in 6a und unterstreiche die Verben wie im Beispiel.**
**Ergänze dann die Regel und unterstreiche.**

Diese Verben können eine Dativ- und eine Akkusativ-Ergänzung haben:
*geben* , , ,
*schenken* , *(mit)bringen* , *erzählen* , *schicken* , ...
Der Dativ steht vor/nach dem Akkusativ.

> Der Dativ ist
> oft eine Person.

**7a** **Schreib die Sätze richtig.**

1. *Sofie schreibt ihren Freunden eine SMS.*
   (eine SMS — schreibt — ihren Freunden — Sofie)

2. ........................................................................................
   (erklärt — den Weg zum See — den Touristen — Jonas)

3. ........................................................................................
   (ihrer Freundin — bringt — Anna — mit — ein Handtuch)

4. ........................................................................................
   (Luisa — die Lautsprecher — ihren Freunden — zeigt)

5. ........................................................................................
   (den Ball — die Jugendlichen — geben — dem Kind)

**b** **Markiere in den Sätzen in 7a: Wer? Wem? Was?**

**8a** **Wer hat wem was zum Geburtstag geschenkt? Schreib fünf Sätze in dein Heft.**

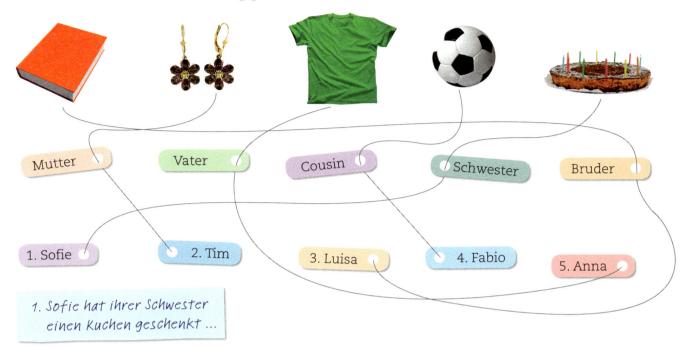

> *1. Sofie hat ihrer Schwester*
> *einen Kuchen geschenkt …*

**b** **Und wie ist es in deiner Familie und bei deinen Freunden?**
**Was hast du ihnen zum Geburtstag geschenkt? Schreib in dein Heft.**

> *Ich habe meinem Vater … geschenkt.*

NACH AUFGABE 7 ▌

**9** **Was kann man in diesen Situationen sagen? Ergänze.**

Situation 1:
Jemand spricht sehr schnell auf Deutsch. Man versteht ihn schlecht.

> langsam und deutlich sprechen ✕ dich nicht ✕ ~~sehr schnell~~ ✕ nicht so gut Deutsch

1. ◆ Entschuldigung, du sprichst / Sie sprechen _sehr schnell_____
2. ◆ Entschuldigung, ich spreche _____
3. ◆ Kannst du / Können Sie bitte _____ ?
4. ◆ Tut mir leid, ich verstehe _____

Situation 2:
Jemand fragt: „Wie heißt das auf Deutsch?". Du hilfst und antwortest.

> leider auch nicht ✕ ein Wörterbuch ✕ das heißt …

1. ◆ Ich glaube, _____
2. ◆ Moment, hier ist _____, ich schaue mal nach.
3. ◆ Das weiß ich _____

**10** Du besuchst eine deutsche Schule. Schau das Bild an und schreib einen Dialog in dein Heft.

(+)

**11** **Was passt? Kreuze an.**

1. ▼ Und? Treffen wir uns morgen um drei Uhr in der Stadt?
   ◆ Geht es vielleicht auch etwas später? Ich muss unbedingt … noch Hausaufgaben machen.
   
   (a) also          (b) vorher          (c) jetzt

2. ● Warum hattest du denn so große Angst?
   ■ Na ja, ist doch klar! Plötzlich hat jemand laut … und dann war da dieser große Hund hinter mir!
   
   (a) geschlafen     (b) gerufen         (c) gedacht

3. ◆ Hey, Jule, was ist? Gehen wir? Wir sind um vier mit Xaver verabredet.
   ● Ja, ja, ich komme … Ich suche nur noch meine Jacke.
   
   (a) gleich         (b) plötzlich       (c) also

4. ▼ Warte, ich muss noch mein Portemonnaie finden. Wie viel kostet das Kino?
   ● Kein Problem. Ich habe … Geld für uns beide.
   
   (a) wenig          (b) genug           (c) kein

5. ▲ Rieke, was ist denn? Warum ziehst du deine Jacke an?
   ◆ Tut mir leid, ich muss … echt gehen. Es ist schon so spät. Meine Eltern schimpfen schon, wenn ich nur zehn Minuten zu spät komme.
   
   (a) vorher         (b) gar nicht       (c) jetzt

**12** **Wie kann man es auch sagen? Ersetze die markierten Wörter und schreib die Sätze neu.**

> perfekt ✕ sympathisch ✕ herrlich

1. Dein Französisch ist wirklich sehr gut .

   → ..............................................................................................................

2. So ein schöner Tag!

   → ..............................................................................................................

3. Den neuen Klavierlehrer von meiner Mutter finde ich nett .

   → ..............................................................................................................
   ..............................................................................................................

↓  NACH AUFGABE 9 |

**13a** **Eine persönliche E-Mail schreiben. Lies zuerst die Situation.**

Situation:
Deine Klasse nimmt an einem E-Mail-Projekt mit einer Partnerschule in Österreich teil.
Das Thema ist „Meine Sommerferien". Deine E-Mail-Partnerin heißt Sylvie.

**b** **Die Anrede: Wie kannst du anfangen? Kreuze an. Es gibt mehrere Möglichkeiten.**

○ Liebe Sylvie,       ○ Sehr geehrte Sylvie,       ○ Guten Tag!
○ Sylvie,       ○ Hallo Sylvie,       ○ Grüß Gott!

**c** **Der Gruß am Schluss: Wie kannst du aufhören? Kreuze an. Es gibt mehrere Möglichkeiten.**

○ Tschüss, Dein/e       ○ Auf Wiedersehen
○ Viele Grüße       ○ Mit freundlichen Grüßen
○ Bis bald       ○ Herzliche Grüße

**d** **Der Inhalt: Mach Notizen zu diesen Punkten in dein Heft.**

- Wie lange hast du Sommerferien?
- Wohin fährst du / Wo bist du?
- Mit wem fährst du?
- Was machst du da am liebsten?

> Diese Satzanfänge helfen dir:
> *Unsere Sommerferien dauern …*
> *Meine Familie …*
> *Deshalb fahren wir …*
> *Da gibt es …*
> *Am liebsten …, weil …*
> *Manchmal bleiben wir auch …*
> *Vielleicht …*

**e** **Schreib dann eine E-Mail an Sylvie in dein Heft.**

**14** **Satzmelodie bei Aufforderungen:**
19 �))  **Hör zu und sprich nach.**
**Du wirst immer höflicher.**

> Satzmelodie bei Aufforderungen:
> Imperativ: ⌒⟶ , Frage: ⟶⌣

1. Komm etwas früher!    Komm bitte etwas früher!    Könntest du bitte etwas früher kommen?

2. Erklären Sie die Regel!    Erklären Sie bitte die Regel!    Könnten Sie bitte die Regel erklären?

**15** **Sprich Sätze wie in 14.**

1. Nimm eine Decke mit!
2. Schicken Sie eine E-Mail an Frau Schack!
3. Ruf Carla an!

> Nimm eine Decke mit!
> Nimm bitte …
> Könntest du …

**16** **Schreibt zu zweit höfliche Aufforderungen und spielt in der Klasse.**

> Elisa, könntest du bitte meine Hausaufgaben machen?

> Manuel, könntest du morgen bitte um fünf Uhr aufstehen?

Das sind deine Wörter!

das Frisbee, -s  ..................................................

könnt- (du könntest, er/es/sie könnte) ..................................................

> Mit *könnt-* kannst du höflich bitten oder Vorschläge machen

- ■ Wir ~ am Wochenende einen Ausflug machen.
- ▲ Das ist eine gute Idee. Und ich ~ meinen Volleyball mitbringen.

der Nudelsalat, -e ..................................................

> Nudel + Salat = der Nudelsalat

die Schwimmsachen (nur Pl.) ..................................................

= Bikini, Badehose, …

die Decke, -n ..................................................

die Radtour, -en ..................................................

= ein Ausflug mit dem Fahrrad

der Weg, -e ..................................................

- ◆ Entschuldigung, ich suche das Kino. Können Sie mir den ~ zeigen?

---

**Sagen, dass man etwas nicht verstanden hat und jemanden bitten, langsamer zu sprechen**

- ◆ Entschuldigung, ich verstehe dich nicht. Ich spreche nicht so gut Deutsch.

- ◆ Du sprichst sehr schnell. Kannst du bitte langsam und deutlich sprechen?

- ◆ Entschuldige, wie heißt das auf Deutsch?

- ▲ Das weiß ich leider auch nicht. Aber Moment, hier ist ein Wörterbuch.

- ▲ Ich glaube, das heißt

---

vorher ..................................................

Anna wohnt in Köln. ~ hat sie in München gewohnt.

perfekt ..................................................

Lilian wohnt in Kanada. Sie spricht ~ Englisch.

herrlich ..................................................

= wunderbar, toll

plötzlich ..................................................

- ◆ ~ war der Hund hinter mir. Ich hatte große Angst.

rufen (hat gerufen) ..................................................

- ■ Wir waren am See und plötzlich war da ein Hund. Dann ~ wir laut ~ und der Hundebesitzer ist gekommen. *(Perfekt)*

# (33) Lernwortschatz

genug ......................................... • Das Eis kostet 2 Euro. Ich habe ~ Geld. Ich kann es zahlen.

gleich ......................................... = sofort

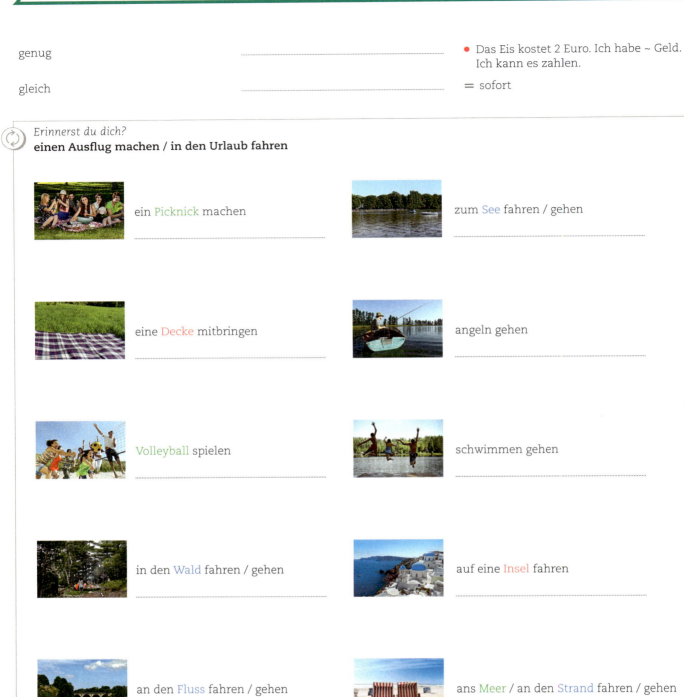

*Erinnerst du dich?*
**einen Ausflug machen / in den Urlaub fahren**

ein Picknick machen

zum See fahren / gehen

eine Decke mitbringen

angeln gehen

Volleyball spielen

schwimmen gehen

in den Wald fahren / gehen

auf eine Insel fahren

an den Fluss fahren / gehen

ans Meer / an den Strand fahren / gehen

in die Stadt fahren / gehen

## Lesen

**1a**    Lies den Text. Wo passen die Überschriften A–D? Ordne zu.

Ⓐ **Deutschlands größter Wettbewerb für Schülerbands**

Ⓒ **Musik an Schulen**

Ⓑ **Üben, üben, üben**

Ⓓ **So sehen Gewinner aus**

### Lust auf Musik: Schülerbands

① ◯ „Früh übt sich, wer ein Meister werden will." Dieses Motto passt auch zur Musik, denn die meisten berühmten Musiker haben schon als Kind Musik gemacht. Wenn jemand ein Instrument wirklich sehr gut spielen will, dann muss er schon sehr jung anfangen und viel üben.

5 ② ◯ Auch an deutschen Schulen gibt es das Fach Musik von Anfang an. Zuerst singen die Schüler im Musikunterricht. Später lernen sie Noten und Musikgeschichte und spielen vielleicht sogar ein Instrument. Die meisten Schulen bieten auch Musik-AGs an, z.B. einen Chor, ein Orchester oder Schülerbands. Und die 10 große Chance für eine Schülerband sind Bandwettbewerbe, auch *Bandcontests* genannt.

③ ◯ Der wichtigste Wettbewerb für Schülerbands in Deutschland ist der *SchoolJam*. Jede Schülerband in Deutschland kann mitmachen. Wichtig: Alle Bandmitglieder müssen noch zur Schule gehen. Eine Jury wählt zuerst in zwölf verschiedenen deutschen Städten die 15 besten Bands aus. Im Internet kann jeder abstimmen, welche Gruppe am großen Finale in Frankfurt teilnehmen darf. Die Gewinner treten dann auf bekannten deutschen Musikfestivals auf, manchmal auch im Ausland.

④ ◯ Ein gutes Beispiel ist die Schülerband *Casting Boys*. Die 20 Gruppe war erst ein Jahr zusammen, als sie den *SchoolJam* gewonnen hat. Seitdem hatten die vier Jungs aus Norddeutschland schon Konzerte in England, China und den USA und haben sogar eine eigene CD gemacht.

**b**    **Lies den Text noch einmal. Was ist richtig?**

> Notiere zuerst im Text, wo du die Antworten findest. Kreuze dann an.

1. Wenn Musiker sehr gut werden wollen,
   - ⓐ brauchen sie einen berühmten Lehrer.
   - ⓑ fangen sie am besten als Kind an.
   - ⓒ lernen sie zwei oder drei Instrumente.

2. In deutschen Schulen
   - ⓐ haben alle Schüler Musikunterricht.
   - ⓑ lernen alle Schüler ein Instrument.
   - ⓒ singen alle Schüler in einem Chor.

3. Die Teilnehmer bei *SchoolJam* müssen
   - ⓐ aus Frankfurt kommen.
   - ⓑ einen Song ins Internet stellen.
   - ⓒ Schüler sein.

4. Die Gruppe *Casting Boys*
   - ⓐ ist Gewinner des *SchoolJam*.
   - ⓑ macht keine CDs.
   - ⓒ spielt erst ein Jahr zusammen.

## Hören

 **2**

**Was haben Leas und Toms Freunde am Wochenende gemacht? Schau die Bilder an und hör das Gespräch. Ordne dann zu.**

> In dieser Aufgabe sind die Namen und Aktivitäten wichtig: Wer hat was gemacht? Überlege vor dem Hören: Welche Wörter könnten zu den Bildern passen? Achte beim Hören auf diese Signalwörter.

1. Tom    2. David    3. Lea    4. Felix    5. Marie    6. Emma
   *A*         ...........    ...........    ...........    ...........    ...........

## Sprechen

**3a** **Wie sehen deine Traumferien aus? Beantworte die Fragen und mach Notizen in dein Heft.**

Wie lange?

Was?

Wann?

Wohin?

Mit wem?

**b** **Erzähl deiner Partnerin / deinem Partner von deinen Traumferien.**

# Das kannst du jetzt!

Mach die Übungen. Schau dann auf S. 94 und kontrolliere.
Kreuze an: ☺ *Das kann ich sehr gut!* / 😐 *Das geht so.* / ☹ *Das muss ich noch üben.*

**1** **Was sagst du zu deinem Freund? Schreib Sätze.**

Er hat Fieber: *Wenn* _____ ,

*dann* _____ .

Er versteht Mathe nicht: _____ ,

_____ .

*Ich kann eine Bedingung nennen.* ☺ 😐 ☹

**2** **Deine Freundin hat ihr Handy verloren. Was sagst du?**

_____

_____

*Ich kann Mitgefühl ausdrücken.* ☺ 😐 ☹

**3** **Deine Eltern haben im Lotto gewonnen. Was wünschst du dir?**

*Ich* _____

_____

*Ich kann Wünsche ausdrücken.* ☺ 😐 ☹

**4** **Du möchtest mit deiner deutschen Austauschpartnerin / deinem deutschen Austauschpartner das Wochenende planen. Mach Vorschläge.**

_____

_____

*Ich kann Vorschläge machen.* ☺ 😐 ☹

**5a** **Du wohnst bei einer deutschen Gastfamilie. Wie bittest du höflich?**

Du möchtest mit deinen Eltern skypen. _____

Du brauchst einen Stadtplan. _____

Du hast noch Durst. _____

*Ich kann höflich bitten.* ☺ 😐 ☹

**b** **Du hast einen Satz nicht verstanden und möchtest, dass deine deutsche Austauschpartnerin / dein deutscher Austauschpartner langsamer spricht. Was sagst du?**

_____

_____

*Ich kann sagen, dass ich etwas nicht verstanden habe und jemanden bitten, dass sie/er langsamer spricht.* ☺ 😐 ☹

# Die Sonnenfinsternis

NACH AUFGABE 2

**1a** **Lies die Sätze und ordne die Bilder zu.**

1. ◯ Ein Reporter schreibt, dass man die Sonnenfinsternis in Bonn am besten sehen kann.
2. ◯ In der Zeitung steht, dass es am Sonntag eine Sonnenfinsternis gibt.

**b** **Ergänze *steht* oder *schreibt*.**

1. Im Text _steht_, dass Alexander der Große auch in Ägypten war.
2. Marie _____ einen Aufsatz.
3. ◆ Was _____ Paul denn? ■ Dass er am Sonntag kommt.
4. ● Weißt du, was hier _____? Eine Sonnenfinsternis gibt es nur einmal in 375 Jahren am selben Ort.
5. ■ _____ auf der Homepage, wann Lady Gaga wieder ein Konzert gibt?
6. Sara _____ immer in ein rotes Heft, welche Hausaufgaben sie aufhat.

> Übersetze die Sätze 1 und 2: Wie sagt man *steht* und *schreibt* in deiner Sprache?

NACH AUFGABE 4

GRAMMATIK

**2a** **Was passt zusammen? Verbinde.**

1. Ich möchte wissen, was bei einer Sonnenfinsternis passiert.
2. Ich habe keine Ahnung, wie oft es eine totale Sonnenfinsternis gibt.
3. Erklär mir doch bitte, warum es Sonnenfinsternisse gibt.
4. Hast du eine Idee, wie lange eine Sonnenfinsternis dauert?
5. Wer hat als Erster gewusst, wann es eine Sonnenfinsternis gibt?

ⓐ Thales von Milet im Jahr 585 v. Chr.*
ⓑ Weil der Mond vor der Sonne steht.
ⓒ Ein paar Minuten.
ⓓ Einmal oder zweimal im Jahr.
ⓔ Es wird dunkel und still.

\* v. Chr. = vor Christus

**b** **Lies Satz 1 aus 2a noch einmal und ergänze.**

|  | Fragewort |  | Ende |
|---|---|---|---|
| *direkte Frage* | Was passiert | bei einer Sonnenfinsternis? |  |
| *indirekte Frage* | Ich möchte wissen, _____ | bei einer Sonnenfinsternis | _____. |

**c** **Lies noch einmal die Sätze in 2a und unterstreiche die Fragewörter und die Verben in den indirekten Fragen. Lies dann die Regel und ergänze.**

> Der Nebensatz in der indirekten Frage beginnt mit dem _____.
>
> Das konjugierte Verb steht am _____.

**3** Wiederhole die Frage. Schreib indirekte Fragen.

1. ● Wer hatte die Idee für diesen Ausflug? ▲ Was hast du gefragt?
   ● *Ich habe gefragt, wer* _____ .

2. ● Wie viele Leute kommen eigentlich mit? ▲ Wie bitte?
   ● *Ich wollte wissen,* _____ .

3. ● Was muss ich mitbringen? ▲ Entschuldigung, ich habe dich nicht verstanden.
   ● *Weißt du,* 
   _____ ?

   > Wenn die Einleitung eine Frage ist, *(zum Beispiel: Weißt du ... ?)*, dann steht am Ende ein Fragezeichen.

4. ● Wie wird das Wetter am Wochenende?
   ▲ Kannst du das wiederholen?
   ● *Hast du eine Ahnung,* _____ ?

5. ● Warum fahren wir nicht mit den Fahrrädern? ▲ Wie bitte?
   ● *Sag mir doch,* _____ .

6. ● Warum hörst du mir nicht zu? ▲ Was hast du gesagt?
   ● *Ich habe gefragt,* _____ .
   ▲ Oh, Entschuldigung.

**4** Lies zuerst die Situation und schau die Bilder an. Lies dann die Fragen 1–8 und schreib indirekte Fragen in dein Heft.

Situation:
Lena möchte eine Party machen. Ihre Freunde haben noch viele Fragen.
Am Abend ruft Lena ihre Cousine Olivia an und erzählt ihr alles.

Was wollten deine Freunde denn wissen?

Lukas hat gefragt ...

(!) In der indirekten Frage musst du manchmal die Pronomen anpassen:
Lukas: Was soll **ich** mitbringen?
Lukas hat gefragt, was **er** mitbringen soll.

Olivia          Lena

1. Lukas:   Was soll ich mitbringen?
2. Anja:    Wo findet die Party statt?
3. Mia:     Wie lange dauert die Party?
4. Max:     Wen hast du eingeladen?
5. Frieda:  Wer fährt mit dem Bus nach Hause?
6. Paul:    Wer möchte mit mir Getränke kaufen?
7. Sarah:   Bis wie viel Uhr dürfen wir feiern?
8. Mirko:   Mit welcher U-Bahn komme ich zu dir?

> 1. *Lukas hat gefragt, was er mitbringen soll.*
> 2. *Anja wollte wissen, ...*

NACH AUFGABE 6 |

**5** Beschrifte das Bild. Schreib die Wörter mit Artikel.

Wind ✳ Wolke ✳ Sonne ✳ ~~Himmel~~ ✳ Schnee ✳ Regen

1. der Himmel     3. _____     5. _____

2. _____     4. _____     6. _____

**6** Ordne die Wörter.

warm ✳ ~~kalt~~ ✳ kühl ✳ heiß

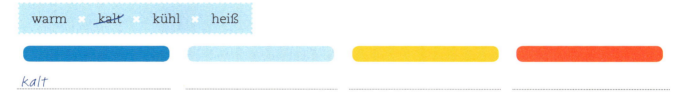

kalt _____ _____ _____

**7** Wie ist das Wetter? Schreib in dein Heft.

A    42°C     B     C    -6°C     D

A. Die S... und es ist ...

**8a** Wo liegt das?

1. Rostock liegt im Norden von Deutschland.

2. Stuttgart _____
_____.

3. Köln _____
_____.

4. Dresden _____
_____.

5. Hamburg _____
_____.

**b** Wo wohnst du? Wo liegt das?
Schreib in dein Heft.

Norden
Westen   Osten
Süden

Rostock
Hamburg
Berlin
Düsseldorf   **Deutschland**
Köln
Dresden
Frankfurt am Main
Stuttgart
München

NACH AUFGABE 7

GRAMMATIK

**9a** **Was machen die Jugendlichen? Verbinde.**

1. Luisa und Sofie <u>sprechen</u> — a) für ein Praktikum am Flughafen.

2. Sofie <u>freut sich</u>     b) beim Finale in Salzburg mit.

3. Jonas interessiert sich     c) über Fußball.

4. Fabio weiß viel     d) auf das Casting.

5. Tim beschäftigt sich viel     e) mit der Sonnenfinsternis.

6. Die Medien-AG macht     f) <u>über die</u> Medien-AG.

> Lern die Verben immer mit der Präposition und dem Fall (Dativ oder Akkusativ).

**b** **Unterstreiche in 9a die Verben, die Präpositionen und die Artikel. Ergänze dann die Tabelle.**

| Verb + Präposition | | | |
|---|---|---|---|
| + Akkusativ | | + Dativ | |
| *sprechen* | *über* | | |
| *sich freuen* | | | |
| | | | |
| | | | |

> Übersetze die Verben in deine Muttersprache.

**10** **Ergänze die Präposition und den Artikel oder die Endung.**

1. ● Kommst du mit ins Kino? Interessierst du dich *für* dies*en* Film?

2. Ben beschäftigt sich nur _____ sein_____ Tieren. Er spricht immer nur
_____ sein_____ Hund und sein_____ Pferd.

3. ◆ Noch zwei Tage!! Ich freue mich so _____ dein_____ Party.

4. ■ Wir wollen einen Film drehen mit dem Thema „Mein Lieblingssport".
Machst du _____ d_____ Projekt mit?

5. ◆ Meine Schwester findet Robert Pattinson toll. Sie weiß einfach alles _____
dies_____ Schauspieler.

6. ● Welchen Beruf möchtest du später haben? ▼ Hm, vielleicht Schauspieler.
Ich interessiere mich _____ d_____ Theater.

7. ◆ Dieses Jahr gibt es coole AGs. Ich mache auf jeden Fall _____ d_____
Schülerzeitung-AG mit.

NACH AUFGABE 10

**11** **Zu welchem Thema passt das? Ergänze in dein Heft.**

Panne ✕ Regen ✕ Stern ✕ Planet ✕ Wind ✕ Schnee ✕ Wolke
Sonnenfinsternis ✕ Mond ✕ Autobahn ✕ Motorrad ✕ Teleskop ✕ VW-Bus

Astronomie     Wetter     Straße

↓  NACH AUFGABE 11

GRAMMATIK

**12a**  **Ergänze die Verben im Perfekt. Achte auf *sein* und *haben*.**

> geliehen ✳ ~~gefahren~~ ✳ gesehen ✳ abgeholt ✳ angekommen ✳ beeilt

Tim _ist_ am Sonntag mit dem Zug nach Bonn _gefahren_ (1). Sein Opa ................................
ihn um 10 Uhr am Bahnhof ................................................ (2). Auf der Autobahn hatte
der VW-Bus von Tims Opa eine Panne. Zum Glück ...................... ein Freund ihnen sein
Motorrad ........................................ (3). Es war schon spät und sie ........................
sich sehr ........................................ (4). So ........................ sie kurz vor zwölf auf
dem Berg ........................................ (5). Da ........................ sie die Sonnenfinsternis
........................................ (6).

**b**  **Unterstreiche in 12a die Zeit und den Ort wie im Beispiel. Ergänze dann die Regel.**

> Zuerst steht die ........................................, dann der ........................................ .

**13**  **In welches Tor muss der Ball?**

1. Tim ist [Tor] am Vormittag [Tor] gekommen.                    ⚽ aus Köln

2. Tim hat die Sonnenfinsternis [Tor] kurz nach 12 [Tor] gesehen.   ⚽ in Bonn

3. Die Sterngucker sind [Tor] auf dem kleinen Berg [Tor] geblieben.  ⚽ von 11.30 bis 18.00

4. Tim hat [Tor] am Sonntag [Tor] geschlafen.                    ⚽ bei seinem Opa

5. Er ist [Tor] nach Hause [Tor] gefahren.                       ⚽ am nächsten Tag

**14a**  **Wenn du die Zeitangabe betonen möchtest, kannst du sie auch nach vorne stellen. Schreib die Sätze aus 13 noch einmal. Schreib in dein Heft.**

> 1. Am Vormittag ist Tim aus Köln gekommen.
> 2. ...

**b**  **Verbinde die Wörter, sodass Sätze entstehen. Ergänze auch die Satzzeichen.**
⊕

Nikolaus Kopernikus ——————→ hat                    in Krakau

            von 1491 bis 1494        studiert

sein Onkel        geschickt        an die Universität Bologna

        hat        Kopernikus        1496

**15** Tim ist mit seinem Opa auf dem Berg und feiert mit den anderen Sternguckern. Er schreibt eine SMS an seine Mutter. Lies die Sätze seiner SMS (Sätze a–c) und ordne zu.

1. ◯ Tim entschuldigt sich, dass er später nach Hause kommt.
2. ◯ Er schreibt, warum.
3. ◯ Er informiert seine Mutter, mit welchem Zug er kommt.

ⓐ Ich nehme den Zug um 18:30 Uhr und bin um halb acht in Köln.

ⓑ Es tut mir leid, dass ich später komme.

ⓒ Opa, ich und die Sterngucker sind noch auf dem Berg, weil wir noch feiern. Wir grillen Würstchen.

**16** Du bist mit deinen Eltern unterwegs und schreibst eine SMS an deine Freundin Maja / deinen Freund Ole.

• Entschuldige dich, dass du sie/ihn erst später besuchst.
• Schreib, warum.
• Informiere sie/ihn über die neue Uhrzeit.

**17** n – r – l: Hör zu und sprich nach.

21 🔊

| n → | Sonne | Wind | Panne | Schnee | scheinen | von |
|-----|-------|------|-------|--------|----------|-----|
| r → | Regen | Rentner | rufen | brauchen | hören | rechts |
| l → | Himmel | kühl | Wolke | Blume | leihen | links |

**18a** Hörst du n, l oder r? Ergänze.

22 🔊

n oder l?

1. Wa____d – Wa____d
2. Zah____ – Zah____
3. ____eben – ____eben
4. ____acht – ____acht

r oder l?

5. ____egen – ____egen
6. Sch____ank – sch____ank
7. b____au – b____aun
8. ____eich – ____eicht

**b** Hör noch einmal, kontrolliere und sprich nach.

23 🔊

**19** Hör zu und sprich nach. Spielt dann den Dialog.

24 🔊

■ Schönes Wetter heute!

◆ Schööönes Wetter?!?

■ Ja, dieser kühle Regen mit dem starken Wind aus Norden und die dunklen grauen Wolken am Himmel!

◆ Na ja, ich weiß nicht. Das ist doch schrecklich! Ich mag es lieber, wenn die Sonne scheint und der Himmel blau ist.

■ Sonne? Blauer Himmel? Wie langweilig!

Das sind deine Wörter!

die Sonnenfinsternis, -se .................................

still .................................    ↔ laut

dunkel .................................    ↔ hell

die Ahnung, -en .................................
● Hast du eine ~, wie lange die Sonnenfinsternis dauert?
■ Nein, keine ~.

stehen (hat gestanden) .................................
▼ ~ in der Zeitung, wann man die Sonnenfinsternis sieht?  ▲ Nein, aber vielleicht ~ etwas im Internet.

> Wenn du über einen Text sprichst, verwendest du *steht*.

**das Wetter (nur Sg.)** .................................

| die Sonne, -n | der Regen (nur Sg.) | der Schnee (nur Sg.) | der Wind, -e | die Wolke, -n |
|---|---|---|---|---|
| ................ | ................ | ................ | ................ | ................ |

der Himmel (nur Sg.) .................................
▼ Wie ist das Wetter bei dir in Köln?
● Schlecht! Es sind Wolken am ~ und es regnet ein bisschen.

windig .................................
> der Wind → windig

schneien .................................
Es ~.
= Es gibt viel Schnee.

scheinen (hat geschienen) .................................
Heute ist das Wetter schön: Die Sonne ~.

kühl .................................

> Lern das Adjektiv zusammen mit den Temperatur-Adjektiven, die du schon kennst.

heiß    warm    ~    kalt

bewölkt .................................
Am Himmel sind viele Wolken. Es ist ~.

der Norden (nur Sg.) .................................

der Westen (nur Sg.) .................................    der Osten (nur Sg.) .................................

der Süden (nur Sg.) .................................

im + Norden / Osten / Süden / Westen von .................................
Rostock liegt ~ Norden ~ Deutschland.

der Stern, -e

der Planet, -en

das Teleskop, -e

...............................................

 (die) Astronomie (nur. Sg.)

...............................................

◆ Ich interessiere mich für ~.
Ich habe sogar ein Teleskop und
schaue mir Sterne und Planeten an.

die Spezialbrille, -n

...............................................

Tim möchte die Sonnenfinsternis sehen
und braucht eine ~.

der Berg, -e

...............................................

Die Leute schauen die Sonnenfinsternis
auf einem kleinen ~ an.

sich interessieren für
+ Akkusativ

...............................................

Tim ~ ~ ~ Astronomie.

sich beschäftigen mit
+ Dativ

...............................................

Tim ~ ~ viel ~ den Sternen.

> Lern die Verben mit der Präposition und dem Fall.

die Autobahn, -en

...............................................

Auf der ~ darf man schnell fahren.

der VW-Bus, -se

...............................................

> VW = Volkswagen

die Panne, -n

...............................................

Der VW-Bus hatte auf der Autobahn
eine ~. Er war kaputt.

das Motorrad, ¨er

...............................................

leihen (hat geliehen)

...............................................

Tim und sein Opa hatten keine
Spezialbrillen. Aber jemand ~ ihnen
zwei Brillen ~. (Perfekt)

sich beeilen

...............................................

= etwas schnell machen
Tim und sein Opa ~ ~ ~ und sind
pünktlich auf dem Berg angekommen.
(Perfekt)

das Fenster, -

...............................................

Anna hat am ~ gestanden und auf die
Straße geschaut.

---

*Erinnerst du dich?*
**Die Verkehrsmittel**

der Bus, -se    die Straßenbahn, -en    der Zug, ¨e    das Auto, -s    die U-Bahn, -en

---

*Erinnerst du dich?*

✂ ab|fahren
( ! du fährst ab, er/es/sie fährt ab)

✂ an|kommen

✂ ab|holen

✂ um|steigen

# Gute Ideen für die Umwelt!

NACH AUFGABE 2

**1  Was ist das? Schreib die Wörter richtig.**

● Wann habt ihr denn eure _Projekttage_ (GEJEKTPROTA) (1)?

◆ Nächste Woche. Unser Thema ist _____ (WELTUMSCHUTZ) (2).

● Das haben wir letztes Jahr auch gemacht. Es war eigentlich ganz interessant, aber am
Ende mussten wir alle einen Aufsatz schreiben, Titel: „Was können wir für unsere
_____ (WELTUM) (3) tun?"

◆ Ich finde das Thema eigentlich langweilig. Wir wissen doch,
dass wir weniger _____ (LÜLM) (4) produzieren
müssen und dass man sein altes Handy nicht einfach
_____ (FENWERWEG) (5) darf.

● Ja, aber du weißt bestimmt nicht, was man mit
_____ (FALLAB) (6) so alles machen kann!

**2  Was ist richtig? Unterstreiche.**

1. Leon holt seine Bücher aus der Bibliothek. So kann er Geld  kaufen / <u>sparen</u> / warten .

2. Beim Kleiderkreisel Köln kann man Kleidung  tauschen / wegwerfen / vorstellen .

3. ◆ Ihr habt noch fünf Minuten. Dann müsst ihr den Test  nennen / fragen / abgeben .

4. ■ Moment! Ich muss noch nach Hause und meine Jacke  geben / holen / warten !

5. ▲ Die Jacke  bleibt / passt / liegt  nicht mehr in den Rucksack. Ich muss sie in die Hand nehmen.

**3  Was passt? Ergänze.**

1. ▲ Hat dir die Sendung zum Umweltschutz gefallen?

   ◆ Ja, besonders die Tipps. Sie sind sehr _nützlich_ .
   So kann man wirklich etwas für die Umwelt tun.

2. ◆ Was ist mit der Dose hier?

   ■ Sie ist _____, du kannst sie wegwerfen.

3. ● Ist das Glas _____?  ▲ Ja, ich habe es gerade aus dem Schrank geholt.

4. ■ Ich finde die neuen Smartphones überhaupt nicht _____, sie sind viel zu groß!

   ◆ Ja, das stimmt, aber für Fotos und Filme sind sie total cool!

| nützlich | ✕ | sauber | ✕ |
| praktisch | ✕ | leer | |

NACH AUFGABE 5

**4  Ergänze die Verben in der richtigen Form.**

| putzen | ✕ | packen | ✕ | benutzen |

1. ▲ Habt ihr die Koffer schon _____? Wir müssen morgen ganz früh los.

2. ■ Hey, hast du wieder mein Handtuch _____? Ich mag das überhaupt nicht!

3. ◆ Psst, wir sind im Theater! Du kannst doch hier nicht so laut deine Nase _____!

**5a** Schau das Bild an und lies die Frage. Was könnte das Mädchen antworten? Kreuze an. Es gibt mehrere mögliche Antworten.

Seit wann kennen wir uns eigentlich?

a ◆ <u>Seit einem Jahr</u>, glaube ich.

b ◆ Wir kennen uns jetzt seit zwei Monaten.

c ◆ Wir haben uns genau seit einer Woche und einem Tag nicht gesehen.

**b** Unterstreiche in den Antworten in **5a** die Satzteile mit *seit* und ergänze die Tabelle. Schreib die Endungen in den Artikelfarben.

| Präposition seit + Dativ | | |
|---|---|---|
| Seit wann? | seit _____ | Tag |
| | seit _einem_____ | Jahr |
| | seit _____ | Woche |
| | seit (zwei, drei, ...) | Monate____ |

> Nur *ein, eine* bekommt eine Endung (*seit <u>einem</u> Tag*). Alle anderen Zahlwörter nicht (*seit <u>zwei</u> Monaten*).

**6** Lies das Interview und ergänze die Satzteile mit *seit*.

Reporter: Hallo, eure Schule tut ja ziemlich viel für die Umwelt: Ihr macht zum Beispiel ein Umwelt-Magazin und ihr habt einen Bastel-Blog. Seit wann gibt es das denn alles?

Sonia: Das Umwelt-Magazin ist neu, das gibt es jetzt _seit einem Monat____ (1 Monat) (1), aber unseren Bastel-Blog haben wir schon _____ (2 Jahre) (2). Und dann organisieren wir auch jeden Monat einen Spiele-Flohmarkt. Das machen wir jetzt _____ (1 Jahr) (3).

Reporter: Ich habe gehört, ihr plant auch eine Tausch-Bibliothek.

Sonia: Die Tausch-Bibliothek gibt es schon! Wir haben sie _____ (1 Woche) (4). Komm, ich zeige sie dir!

**7** Wer sagt das? Ordne zu.

a Oje, Daniel hat schon seit 15 Minuten keine SMS geschrieben. Er mag mich nicht mehr ...

b Es sind doch erst 15 Minuten. Mensch, Nina, du nervst!

> Übersetze den Dialog. Wie sagt man *schon* und *erst* in deiner Sprache?

**8**    Ergänze *schon* oder *erst*.

1. ◆ Seit wann seid ihr eigentlich in der Umwelt-AG?

    ▲ Marco ist _schon_ seit einem Jahr in der AG, aber ich _____ seit ein paar Monaten.

2. ● Hallo, ich bin auf dem Weg, wartet ihr schon lange?

    ▲ Ja, _____ seit einer halben Stunde. Wenn du nicht gleich kommst, gehen wir.

3. ■ Kennen sich Leon und Meike schon lange?

    ▲ Nein, _____ seit einem Monat, aber sie machen immer alles zusammen.

4. ◆ Lara, du telefonierst _____ seit einer Stunde. Mach endlich Schluss, du musst deine Hausaufgaben noch machen!

**9**    Ergänze die Satzteile mit *vor*, *nach* oder *seit*.

⊕

> Hi Ben,
>
> wie geht's? Hier ist alles super. Gestern habe ich mit Felix und den anderen zusammen gekocht und _nach dem Essen_ *(Essen)* (1) haben wir den ganzen Nachmittag Bowling gespielt. Hat total Spaß gemacht. Ich war auch endlich mal ein paar Tage in Leipzig bei meinem Cousin. Er studiert dort _____ *(2 Jahre)* (2) Kunst und kennt total interessante Leute. Es war echt cool.
>
> In der Schule haben wir gerade unsere Projekttage. Wir machen sie immer kurz _____ *(Sommerferien)* (3), wenn wir mit den Klassenarbeiten fertig sind.
>
> Wann kommst du denn mal wieder zu uns?? Du bist jetzt _____ *(1 Jahr)* (4) nicht mehr hier gewesen!
>
> Bis hoffentlich bald! Viele Grüße
>
> Alex

⬇   NACH AUFGABE 6

**10**    **Welches Verb passt? Verbinde.**

1. einen Tee — ein Stück Kuchen — einen Stuhl      ⓐ aufstellen

2. den Klassenlehrer — die Eltern — die Teilnehmer      ⓑ anbieten

3. ein Zelt — ein Bücherregal — einen Schrank      ⓒ informieren

⬇   NACH AUFGABE 7

**11**    **Was passt? Ordne zu. Ergänze dann selbst noch passende Adjektive.**

~~lockig~~   ✕   leise   ✕   blond   ✕   klug   ✕   eng   ✕   aufregend

Straße     *lockig*     Buch

Haar

**12a** Schau die Bilder an. Ergänze dann die Dialoge.

> Nein, was für ein Spiel ist das denn?  Ja klar, was für einen Stift möchtest du?
> Am liebsten schaue ich witzige Serien.  Was für eine Torte ist das denn?  Ein Kartenspiel.
> Das ist eine Vanilletorte.  Was für Sendungen schaust du gern?  Einen blauen Kuli.

◆ Kannst du mir einen Stift geben?

▲ *Ja klar, was für einen ...*

◆ .................................................

● Kennt ihr das Spiel *Uno*®?

■ .................................................

● ................................................. Ich spiele es total gern.

▼ Die Torte sieht ja total lecker aus. .................

● .................................................

■ .................................................

▲ .................................................

■ Ich auch. Mach mal den Fernseher an, gleich kommen *Die Simpsons*™.

**b** Unterstreiche in 12a *Was für ein- ...?* und ergänze die Tabelle, wo nötig.

| Frageartikel Was für ein- | |
|---|---|
| Nominativ | Akkusativ |
| Was für _ein_ Stift ist das? | Was für _____ Stift möchtest du? |
| Was für _____ Torte ist das? | Was für _eine_ Torte möchtest du? |
| Was für _____ Spiel ist das? | Was für _ein_ Spiel spielst du? |
| Was für _/_ Sendungen gefallen dir? | Was für _____ Sendungen schaust du gern? |

**13** Ergänze *Was für ein-* und verbinde.

1. ● _Was für_ _____ Fotos sind das denn hier?  (a) ◆ Eine lockige Frisur.
2. ● _____ Beruf möchtest du mal haben?  (b) ◆ Das ist ein italienischer Salat.
3. ● _____ Frisur findest du gut?  (c) ◆ Einen aufregenden Beruf.
4. ● _____ Salat ist das?  (d) ◆ Viele Umwelt-Projekte.
5. ● _____ Fest feiert ihr denn?  (e) ◆ Ein Familienfest.
6. ● _____ Projekte macht ihr?  (f) ◆ Das sind Fotos von unserer neuen Kantine.

↓ NACH AUFGABE 8 |

**14**  **Lies die Nachricht. Schreib dann eine kurze Antwort in dein Heft.**
**Schreib zu allen Punkten ein bis zwei Sätze.**

Hi Lena,
ich mache am Samstag
bei uns in der Garage
eine Tausch-Party.
Kommst du auch?
Wir fangen um 18 Uhr an.

1. Du bedankst dich.
2. Du möchtest
   Informationen
   zur Party.
3. Du möchtest die
   Adresse wissen.

Hallo Franziska,
…

↓ NACH AUFGABE 10 |

**15a**  **Lies den Artikel und ergänze.**

Vorschlag × ~~Upcycling~~ × Plastik × Material × Stoff

---

**Die Schülerzeitung**   Monat: Juni

## PROJEKTTAGE DER KLASSE 9A

Wenn man <u>aus einem Hut</u>, den man eigentlich wegwerfen wollte, eine lustige

Lampe macht, oder aus einer Shampoo-Flasche ein Portemonnaie, nennt man das

_Upcycling_ ................................ (1). Das haben die Schüler der Klasse 9a am ersten ihrer

drei Projekttage gelernt. Und dann konnten sie ausprobieren, was man mit Abfall

so alles machen kann.

Adrians und Marvins ................................ (2) hat uns besonders gut gefallen: Sie haben aus einem Brett-Spiel

eine tolle Uhr gemacht. Aber auch Mona, Lena und Nadine hatten eine super Idee: Sie haben aus Pullovern

einen kleinen Teppich gemacht.

Eines ist sicher: So viel Spaß hatte die Klasse 9a schon lange nicht mehr und sie hat gelernt,

dass Müll ein tolles ................................ (3) sein kann!

Bei den nächsten Projekttagen geht es dann weiter mit dem Thema: Taschen aus ................................ (4) oder

aus ................................ (5)? Was können wir noch für unsere Umwelt tun?

_Tom Grabert / Nora Schwarz_

**b**  **Unterstreiche in 15a die Satzteile mit _aus_ wie im Beispiel. Ergänze dann die Tabelle.**

| _Präposition aus + Dativ_ | | |
|---|---|---|
| aus _einem_ Hut | aus + Material | |
| aus .......... Spiel | _aus_ Plastik | |
| aus .......... Flasche | .......... Stoff | |
| aus .......... Pullover | | |

(!) Bei Materialien
steht kein Artikel:
_Der Stuhl ist aus Holz._

**16** Aus welchem Material sind diese Sachen? Ordne zu und schreib Sätze in dein Heft.

Papier ✕ Glas ✕ Holz ✕ Plastik ✕ Metall

A · B · C · D

*A. Der Tisch ist ... und ...*

**17** Welche Upcycling-Ideen hatten Marcel und Charlotte? Schreib in dein Heft.

① Koffer ② T-Shirts ③ Badminton-schläger ④ Tüte ⑤ Surfbrett ⑥ Schal

Lampe · Sitzsack · Gürtel · Sessel · Portemonnaie · Regal

*1. Marcel und Charlotte haben aus einem Koffer einen Sessel gemacht.*

*2. Sie haben ...*

NACH AUFGABE 11

**18** Was könnte man aus diesen Sachen machen? Schreib in dein Heft.

A · B · C · D

*A. Aus den Zeitungen könnte man ...*

AUSSPRACHE

**19** qu – pf: Hör zu und sprich nach.

25

pf → Pferd · Kopf · Krankenpfleger · schimpfen
qu [wie kw] → Quatsch · bequem · Quiz · unbequem

**20** Hörst du pf, f oder p? Hör zu, sprich nach und kreuze an.

26

| | pf | f | p |
|---|---|---|---|
| 1. | ○ | ○ | ○ |
| 2. | ○ | ○ | ○ |
| 3. | ○ | ○ | ○ |
| 4. | ○ | ○ | ○ |
| 5. | ○ | ○ | ○ |
| 6. | ○ | ○ | ○ |
| 7. | ○ | ○ | ○ |
| 8. | ○ | ○ | ○ |

**21** Zungenbrecher: Hör zu und sprich nach.

27

„Das ist kein Quatsch!", schimpft der Krankenpfleger. „Kranke Pferde brauchen Pflanzen gegen Kopfschmerzen und Schnupfen."

Das sind deine Wörter!

| | |
|---|---|
| ✂ weg\|werfen (du wirfst weg, er/es/sie wirft weg, hat weggeworfen) | ▪ Hey Lena, dieser Stift schreibt nicht mehr! Soll ich ihn ~? |
| (der) Müll (nur Sg.) | Wir müssen weniger ~ produzieren, deshalb dürfen wir nicht alles wegwerfen. |
| der Abfall, ⸚e | = Müll |
| der Projekttag, -e | ● Vom 24. – 26. Juni haben wir ~ an unserer Schule. |
| die Umwelt (nur Sg.) | ◆ Du darfst dein Handy nicht einfach wegwerfen. Das ist nicht gut für die ~. |
| der Umweltschutz (nur Sg.) | ▼ Das Thema unserer Projekttage heißt: ~, was können wir für die Umwelt tun? |
| ✂ ab\|geben (du gibst ab, er/es/sie gibt ab, hat abgegeben) | Beim Kleiderkreisel Köln kann man alte Kleidung ~. |
| tauschen | ● Meine Hose ist zu klein ☹. ▪ Dann geh doch zum Kleiderkreisel! Da kann man Kleidung ~: Du gibst deine Hose ab und nimmst eine andere mit. |
| passen | In das Regal im Bücherbus ~ 50 Bücher. |
| holen | ▪ Der Bücherbus ist toll. Da kann man sich einfach ein Buch ~ und es lesen. |
| sparen | Leon kauft keine Bücher. Er holt sie aus der Bibliothek. So kann er viel Geld ~. |
| die Dose, -n | |
| leer | ▼ Ist noch Cola in der Dose? ◆ Nein, die Dose ist ~. |
| der Zeitungsständer, - | |
| nützlich | Alte Sachen können sehr ~ sein: Man kann zum Beispiel aus leeren Dosen einen Zeitungsständer machen. |
| praktisch | ◆ Der Zeitungsständer ist nicht groß. Das finde ich sehr ~, denn mein Zimmer ist so klein. |
| seit + Dativ | Den Kleiderkreisel in Köln gibt es ~ drei Jahren. |
| erst | ● Gibt es den Kleiderkreisel in Berlin schon lange? ▲ Nein, ~ seit einer Woche. |

> Lern *erst* und *schon* zusammen:
> ◆ Ist es schon 5 Uhr?  ● Nein, es ist erst 4 Uhr.

| | |
|---|---|
| (die) Nase putzen | |
| der Zirkus, -se | ◆ Gehst du gern in den ~? ● Nein. Die Tiere tun mir so leid. |

packen ........................................ ▲ Ich fliege in vier Stunden nach Berlin und ich habe meinen Koffer noch nicht ~. *(Perfekt)* ■ Oh, dann musst du dich aber beeilen.

benutzen (du benutzt, hat benutzt) ........................................ ◆ Mein Bruder ~ immer mein Handtuch. Ich mag das überhaupt nicht.

der Verwandte, -n / die Verwandte, -n ........................................ Fabio war bei seinen ~ in Hamburg. Er hat seine Tante und seinen Onkel besucht.

was für ein/ein/eine/- ........................................ ● ~ Buch hat Fabio mitgenommen? ◆ Einen spannenden Krimi.

die Kantine, -n ........................................ In der Schule essen die Schüler in der ~.

auf|stellen ........................................ Tim möchte in der Kantine ein Bücherregal ~.

an|bieten (hat angeboten) ........................................ Tim möchte Bücher und Spiele ~.

informieren ........................................ Tim und Fabio wollen die anderen Schüler über die Tausch-Aktion ~, deshalb schreiben sie einen Artikel für die Webseite.

*die Information → informieren*

aufregend ........................................ Ich möchte später einen ~en Beruf haben, zum Beispiel Schauspieler.

klug ........................................ ↔ dumm

leise ........................................ ↔ laut

lockig ........................................ ● Diese Frau hat ~e Haare.

studieren ........................................ Sina ~ Physik an der Universität.

das Upcycling (nur Sg.) ........................................ Beim ~ werden alte Sachen zu schönen neuen Sachen.

der Vorschlag, ¨e ........................................ Sina und Moritz stellen ihre ~ in ihrem Blog vor.

**das Material, die Materialien** ........................................

das Holz, ¨er          das Metall, -e          das Plastik (nur Sg.)          der Stoff, -e

der Farbstift, -e ........................................ Die ~ sind aus Holz.

der Badmintonschläger, - ........................................ Moritz hat aus einem ~ einen Spiegel gemacht.

der Sitzsack, ¨e ........................................

# Schule, Schule!

↓ NACH AUFGABE 1

**1** **Was passt? Ergänze die Wörter.**

> Vortrag ✕ Stock ✕ Abitur ✕ ~~Achtung~~ ✕ Bücherei

1. ■ Komm, wir gehen schnell über die Straße.
   ● *Achtung* , da kommt ein Auto!
2. ◆ Sag mal, wann machen deutsche Schüler eigentlich das _____?
   ■ Ich glaube, nach 12 oder nach 13 Schuljahren.
3. ● Gehst du morgen zu dem _____ von Professor Wagner?
   ▲ Ja klar, Astronomie finde ich spannend.
4. ■ Sag mal, kannst du mir vielleicht das neue Buch von Wolfgang Herrndorf leihen?
   ◆ Nein, leider nicht, aber frag doch mal in der _____. Die ist im dritten _____.

↓ NACH AUFGABE 2

**2** **Was sind die Leute von Beruf? Schreib in dein Heft.**

> Krankenpfleger/Krankenschwester ✕ Schriftsteller/Schriftstellerin ✕ Arzt/Ärztin ✕ ~~Techniker/Technikerin~~ ✕ Schauspieler/Schauspielerin ✕ Sportler/Sportlerin ✕ Friseur/Friseurin ✕ Verkäufer/Verkäuferin ✕ Wissenschaftler/Wissenschaftlerin ✕ Ingenieur/Ingenieurin ✕ Architekt/Architektin ✕ Bäcker/Bäckerin

> A. Er ist Techniker.    B. Er ist …

**3a** Passt das zu *Krankenhaus*, *Natur* oder *Erfolg*? Ordne die
Wörter zu und ergänze den Artikel, wo nötig.

~~Operation~~ ✕ Karriere ✕ Garten ✕ Leistung ✕ Pflanze ✕ verletzt sein
Baum ✕ Unfall ✕ Blume ✕ Goldmedaille ✕ Schmerzen ✕ berühmt sein

| Krankenhaus | Natur | Erfolg |
|---|---|---|
| *die Operation* | | |
| | | |
| | | |
| | | |

**b** Schreib zu jedem Thema einen Satz in dein Heft. Benutze Wörter aus 3a.

**4** Was ist richtig? Lies die Forumsbeiträge und unterstreiche.

Wie möchtet ihr später mal leben? Beschreibt eure Wünsche und Träume!
Forum öffnen >>>

Sunny 08: Ich hasse den ganz normalen Alltag/Gewinn (1) und möchte später unbedingt einen spannenden Beruf haben. Ich möchte, dass mein Leben einen Vortrag/Sinn (2) hat. Vielleicht werde ich ja eine berühmte Sängerin? Wer weiß!? Das ist auf jeden Fall mein Erfolg/Traum! (3)

Yoko: Ich möchte meine große Liebe treffen, heiraten und viele Kinder haben und immer glücklich und verletzt/verliebt (4) sein. Nicht so wie meine Eltern, die haben früh geheiratet/geschieden (5), aber das war nie die große Liebe.

skylight99: Ich hätte später gern Haustiere und ein kleines Haus mit Garten. Ich liebe nämlich die Karriere/Natur (6), aber leider wohnen wir im Zentrum von Berlin.

rosalie_21: Meine Oma wohnt ganz allein in ihrem Haus. Jeden Tag kommt jemand, weil sie Hilfe/Leistung (7) braucht. Ich möchte später lieber in einer Großfamilie leben, nicht allein.

**5** Schreib die Wörter richtig.

1. ■ Sag mal Tim, wer ist dieser Junge mit der Brille?
   ● Das ist Felix, unser neuer ............................. . (LERMITSCHÜ)
2. ◆ Warum willst du im Sommer Winterstiefel kaufen?
   Das verstehe ich nicht. Das macht doch keinen ............................. (NINS)
3. ■ Guten Morgen, Tim! Wie hast du geschlafen?
   ● Gut! Ich hatte wirklich einen schönen .............................! (TURAM)

**6** Was passt? Ordne zu.

Ⓐ  Ⓑ  Ⓒ

1. ◯ Hier sind Max und Maxima noch total verliebt.

2. ◯ Hier sind sie seit zehn Jahren verheiratet.

3. ◯ Und hier sind sie leider geschieden.

**7** Lies den Artikel. Was passt? Ergänze.

> gearbeitet ✕ geschieden ✕ geheiratet ✕ gelebt ✕ verliebt ✕ verheiratet ✕
> kennengelernt ✕ gemacht ✕ ~~studiert~~ ✕ gegangen ✕ geboren

### JUNGE LEUTE ERZÄHLEN:

#### SO HABE ICH MEIN GLÜCK GEFUNDEN

Ich bin Lina Andresen, ich habe in Marburg Medizin
_studiert_____ (1) und bin seit drei Jahren mit meinem
Mann Tom _____ (2). Wir haben einen
kleinen Sohn, Mirko. Früher habe ich mit meinen Eltern
in Berlin _____ (3).  Da bin ich auch zur Schule _____ (4)
und habe mein Abitur _____ (5). Meinen Mann Tom habe ich an der
Universität _____ (6). Plötzlich war er neben mir und wollte wissen, wo
der Vortrag von Professor Kleinert stattfindet. Tom hat in Hamburg als Wissenschaftler
_____ (7). Er hatte schon eine kleine Tochter und war _____ (8).
Wir haben uns gut verstanden, aber zuerst war ich gar nicht richtig _____ (9),
das ist erst später gekommen. Am 22. Mai 2012 haben wir dann _____ (10)
und ein Jahr später ist unser Sohn Mirko _____ (11).

↓ NACH AUFGABE 3 ▌

**8** Welche Jahreszahl ist richtig? Kreuze an.

> Wie sagst du *1977* und
> *2086* in deiner Sprache?

| | | | |
|---|---|---|---|
| 1. zweitausendachtundsechzig | ◯ 2086 | ◯ 2860 | ◯ 2068 |
| 2. neunzehnhundertsiebenundsechzig | ◯ 1977 | ◯ 1967 | ◯ 1976 |
| 3. zweitausendeinunddreißig | ◯ 2013 | ◯ 3130 | ◯ 2031 |
| 4. achtzehnhundertneunundachtzig | ◯ 1889 | ◯ 1898 | ◯ 1899 |

**9** Schreib die Jahreszahlen als Wörter.

1. 1956: .........................................................................................
2. 2032: .........................................................................................
3. 1794: .........................................................................................
4. Wann bist du geboren? ..................................................
5. Wann bist du in die Schule gekommen? .....................
6. Bis wann musst du noch in die Schule gehen? ...........

**10** Lies das Interview und ergänze.

◆ Guten Tag! Ich habe ein paar Fragen an Sie.
  _Wie_ ........................ (1) ist bitte Ihr Name?
■ Florian Heller.
◆ ........................ (2) und ........................ (3) sind
  Sie geboren?  ■ 1978 in Duisburg.
◆ ........................ (4) wohnen Sie jetzt, Herr Heller?
■ In Leipzig.
◆ Und ........................ (5) leben Sie schon in
  Leipzig?  ■ Seit 2009.

◆ ........................ (6) sind Sie von Beruf, Herr Heller?
■ Ich bin Schriftsteller.
◆ Und ........................ (7) haben Sie studiert?
■ Deutsch und Geschichte.
◆ Aha. ........................ (8) ist denn Ihr
  erster Roman erschienen?
■ 2007.
◆ Herr Heller, ........................ (9) schreiben Sie?
■ Weil ich Geschichten liebe!

**11** Deine Freundin / Dein Freund hat eine Reise gemacht. Du möchtest alles wissen.
Ergänze die Fragen und überleg dir Antworten. Schreib in dein Heft.

~~wohin~~  *  wann  *  wie lange  *  mit wem  *  wo

1. ● Wohin bist du gefahren?
   ◆ Ich bin nach …

NACH AUFGABE 4 ❙

GRAMMATIK

**12a** Eine neue Mitschülerin. Ergänze die Fragen.

Mit welchen Mitschülern  *  Aus welcher Stadt  *  Über welchen Lehrer  *
Für welches Fach  *  In welche Klasse  *  ~~Aus welchem Land~~

1. _Aus welchem Land_ ........................ kommst du?
2. ................................................ kommst du?
3. ................................................ gehst du?
4. _Mit_ ........................................... sprichst du am liebsten?
5. ................................................ interessierst du dich am meisten?
6. ................................................ weißt du schon etwas?

**b** Lies die Fragen in 12a noch einmal und unterstreiche die Präposition und die Endung
von *welch-*. Ergänze dann die Tabelle.

| *Präposition + Frageartikel* welch- | |
|---|---|
| *Präposition + Akkusativ* | *Präposition + Dativ* |
| ......... welch......... Lehrer weißt du etwas? | _Aus_ welch_em_ Land kommst du? |
| ......... welch......... Fach interessierst du dich? | ......... welch......... Stadt kommst du? |
| ......... welch......... Klasse gehst du? | ......... welch......... Mitschülern sprichst du am liebsten? |

**13** So viele Fragen! Ergänze die Endung.

◆ Du, sag mal,

… mit welch............... (1) Freunden gehst du am liebsten ins Kino?

… in welch............... (2) Kino gehst du meistens?

… über welch............... (3) Film hast du schon etwas gelesen?

… für welch............... (4) Film interessierst du dich am meisten?

NACH AUFGABE 5 ▌

SCHREIBTRAINING

**14a** Lies das Porträt und ergänze den Steckbrief.

## Porträt: Manuel Neuer

Mein Lieblingsfußballspieler ist Manuel Neuer. Er ist
Torwart in der deutschen Nationalmannschaft und seit
2005 Fußballprofi. Manuel hat einen Bruder und ist 1986 in
Gelsenkirchen geboren. Er ist nicht verheiratet.

Von 1991 bis 2011 hat Manuel beim FC Schalke 04 gespielt.
Seit 2011 spielt er beim FC Bayern München. 2013 war
die Mannschaft Deutscher Meister. Neuers größter Erfolg
war die Weltmeisterschaft 2014 in Brasilien. Da ist er
zusammen mit der deutschen Nationalmannschaft
Weltmeister geworden. Eine tolle Leistung!

Mit seiner Stiftung „Manuel Neuer Kids Foundation" hilft
er Kindern aus Familien mit wenig Geld. Ich finde, er ist
ein sympathischer Mensch und ein toller Sportler!

### Steckbrief

Name?
...................................................................

Wann und wo geboren?
...................................................................

Familie?
...................................................................

Beruf?
...................................................................

Erfolge?
...................................................................

Warum interessant?
...................................................................

**b** Lies noch einmal deine Fragen im Kursbuch (S. 54, Aufgabe 5)
und schreib dann ein Porträt über diese Person wie in 14a.

Sammle zuerst Informationen: Recherchiere im Internet oder stell der
Person Fragen. Ordne dann die Informationen: Du kannst zum Beispiel
zuerst einen Steckbrief wie in 14a und dann erst den Text schreiben.

NACH AUFGABE 6

**15** **Was passt nicht? Streiche durch.**

1. Ich bin oft nach New York ...  geflogen — gefahren — gelebt — gereist
2. Er möchte gern diese Fremdsprache ...  lernen — sprechen — sagen — verstehen
3. Sie hat bis 2013 in Dresden ...  gelebt — gereist — gearbeitet — gewohnt
4. Die Lehrer waren ... viel strenger als heute.  früher — damals — sofort — gestern

AUSSPRACHE

**16** **mst – nst: Hör zu und sprich nach.**

28

mst → Samstag  am wärmsten  du nimmst  du kommst  am bequemsten
nst → Dienstag  du lernst  am kleinsten  am schönsten  du weinst

**17a** **Ergänze. Sprecht dann zu zweit.**

1. ich komme — du *kommst*
2. ich lerne — du
3. ich weine — du
4. ich nehme — du
5. ich räume auf — du

6. warm — wärmer — am *wärmsten*
7. klein — kleiner — am
8. schön — schöner — am
9. dumm — dümmer — am
10. modern — moderner — am

**b** **Hört dann zu und sprecht nach.**

29

**18a** **Hör zu und sprich nach. Spielt dann den Dialog.**

30

▲ Wie findest du diese Stiefel? Die da sind am schönsten, oder? Was meinst du?

● Ja, die sind am modernsten, aber nicht am wärmsten und bequemsten.

**b** **Schreibt zu zweit kleine Dialoge wie in 18a. Spielt dann die Dialoge.**

Das sind deine Wörter!

(die) Achtung (nur Sg.) ................................ ▲ ~! Eine Durchsage!

das Abitur (nur Sg.) ................................ = Prüfung am Ende vom Gymnasium

der Stock, die Stockwerke ................................ Der Raum 220 ist im zweiten ~.

der Vortrag, ⁻e ................................ ■ Frau Lechner hält einen ~ über ihre Reise nach Chile.
● Interessant! Da gehen wir hin, oder?

die Bücherei, -en ................................ = die Bibliothek

**Berufe**

der Wissenschaftler, - / die Wissenschaftlerin, -nen

der Schriftsteller, - / die Schriftstellerin, -nen

der Sportler, - / die Sportlerin, -nen

der Musiker, - / die Musikerin, -nen

geboren sein ................................ Sebastian Dietz ~ 1985 ~.

der Autounfall, ⁻e ................................ = ein Unfall mit dem Auto

verletzt sein ................................ Der Mann hatte einen Autounfall. Er ~ schwer ~.

> Erinnere dich an den Unterschied:
> Der Mann **hat sich verletzt**. Jetzt **ist** er **verletzt**.

🌐 die Operation, -en ................................

der Profi, -s ................................ Sebastian Schweinsteiger spielt sehr gut Fußball. Er ist ein Fußball~.

früher ................................ ~ wollte Sebastian Dietz Fußballprofi werden. Heute trainiert er Diskuswerfen.

der Traum, ⁻e ................................ Sebastian Dietz hatte einen Unfall. Jetzt ist sein ~ vom Fußballprofi zu Ende.

die Goldmedaille, -n ................................

die Leistung, -en ................................ Der Sportler gewinnt eine Goldmedaille. Das ist eine tolle ~!

die Hilfe (nur Sg.) ................................

> helfen → die Hilfe

der Alltag (nur Sg.) ................................ = tägliches Leben der Sinn (nur Sg.) ............

◆ Warum kaufst du im Sommer Winterstiefel? Das macht doch keinen ~!

heiraten ............

● Meine Eltern haben sich 1993 kennengelernt und sie ~ 1997 ~ (Perfekt). 1999 bin ich geboren.

> Denk an den Unterschied
> *Meine Eltern **haben** 1993 **geheiratet**. Heute **sind sie verheiratet**.*

verliebt sein ............    verheiratet sein ............    geschieden sein ............

die Natur (nur Sg.) ............

■ Ich lebe nicht gern in der Stadt. Ich möchte lieber in der ~ wohnen.

die Pflanze, -n ............

◆ Ich liebe die Natur. Ich kenne alle ~ in unserem Garten.

die Naturwissenschaft, -en ............

Biologie und Chemie sind ~.

(die) Karriere, -n ............

▼ Welchen Beruf möchtest du einmal haben?
▲ Hm, also, ich möchte ~ als Biologin machen.

der Roman, -e ............

Wolfgang Herrndorf hat den ~ „Tschick" geschrieben.

der Mitschüler, - / die Mitschülerin, -nen ............

● Ich habe 28 ~ in meiner Klasse.

damals ............

= früher

reisen ............

= eine Reise machen

die Fremdsprache, -n ............

■ Welche ~ lernst du in der Schule?
▼ Ich lerne Englisch und Spanisch.

> *Erinnerst du dich?*
> **Die Schulfächer**

Erinnerst du dich an die Schulfächer? Welche Fächer sind Fremdsprachen und welche sind Naturwissenschaften?

Französisch          Deutsch          Englisch

Mathematik     Informatik          Biologie          Physik

Kunst(erziehung)     Geschichte          Geografie          Religion / Ethik

## Lesen

**1** **Du bist im Jugendtreff Althausen und liest das Programm.**
**Lies die Sätze 1–5 und den Text. Welcher Ort passt?**

1. Du möchtest gern eine neue Sportart ausprobieren.

   (a) Großer Saal     (b) Garten     (c) anderer Ort

2. Du suchst ein Geschenk für deinen Bruder. Er liest gern.

   (a) 1. Stock     (b) Medienraum     (c) anderer Ort

3. Du möchtest gern richtig fotografieren lernen.

   (a) Medienraum     (b) Garten     (c) anderer Ort

4. Du hast bald Geburtstag und möchtest für deine Freunde etwas zu essen machen.

   (a) Garten     (b) 2. Stock     (c) anderer Ort

5. Du hast Lust, Musik zu hören und zu tanzen.

   (a) 1. Stock     (b) Großer Saal     (c) anderer Ort

> Unterstreiche zuerst in jedem Satz die wichtigen Informationen. Lies dann das Programm.

### Tag der offenen Tür im Jugendtreff Althausen

11. Mai

Liebe Kids! Ihr kennt den Jugendtreff Althausen noch nicht?
Dann kommt am 11. Mai ab 14 Uhr vorbei und lernt uns kennen! Ihr könnt an allen Workshops teilnehmen oder auch einfach nur Leute treffen und Kicker oder Billiard spielen. Auch das Gartencafé und die Spielekonsolen sind für euch da. Alle Angebote sind kostenlos. Und abends wollen wir feiern!

**1. Stock**
| | |
|---|---|
| 14:00 | Stadtteil-Quiz: Neuhausen gegen Althausen |
| 15:00 | Foto-Workshop |
| 16:30 | Monopoly®-Turnier |

**Garten**
| | |
|---|---|
| ab 14 Uhr | Gartencafé mit Kuchenbuffet |
| ab 14 Uhr | Bücher- und Spiele-Flohmarkt |
| 14:30 | Erste Schritte auf der Slackline: Tipps vom Profi |

**2. Stock**
| | |
|---|---|
| 15:00 | Nudelsalat? Nein danke! Leckere Party-Snacks selbst gemacht |
| 16:30 | Wir backen bunte Muffins: hübsch, schnell und super lecker! |

**Medienraum**
| | |
|---|---|
| 15:30 | Vortrag: 3-D-Modelle erstellen und ausdrucken |
| 16:30 | Web 2.0: Wir machen Tutorials und Fotostorys |

**Großer Saal**
| | |
|---|---|
| 15:00 | Karaoke-Wettbewerb mit Lilly |
| 16:00 | Modenschau: Mode selbst genäht! |
| 17:00 | Konzert mit der Jugendtreff-Band „Yellow" |
| ab 18 Uhr | Mega-Dancefloor-Party mit DJ O'Hazel |

## Hören

**2**
1-34

**Du hörst vier kurze Gespräche. Du hörst jeden Text zweimal. Was ist richtig? Kreuze an.**

Wichtig beim 1. Hören: Was ist das Thema? Welche Personen sprechen?

1. Wie ist das Wetter jetzt bei Tessa?

A | 8°C

B | 10°C

C | 25°C

2. Bei welchem Projekt hat Jannis mitgemacht?

A

B

C

3. Welchen Beruf findet Charlotte interessant?

A

B

C

4. Welche Frau meint das Mädchen?

A

B

C

## Schreiben

**3**
**Du wolltest mit einer Freundin / einem Freund ins Kino gehen. Du hast aber leider doch keine Zeit. Schreib ihr/ihm eine SMS. Schreib in dein Heft.**

- Entschuldige dich, dass du nicht kommen kannst.
- Schreib, warum.
- Nenn einen neuen Treffpunkt und eine neue Uhrzeit.

**Schreib 20–30 Wörter. Schreib zu allen drei Punkten.**

# Das kannst du jetzt!

Mach die Übungen. Schau dann auf S. 94 und kontrolliere.
Kreuze an: ☺ *Das kann ich sehr gut!* / ☺ *Das geht so.* / ☹ *Das muss ich noch üben.*

**1** **Du antwortest auf Fragen deiner Austauschpartnerin / deines Austauschpartners.**

● Bei uns regnet es gerade und es ist kühl. Wie ist denn das Wetter bei euch?

■ _____

◆ Im Juni komme ich dich ja besuchen! Wie ist denn das Wetter bei euch im Juni?

▲ _____

_____

*Ich kann über das Wetter sprechen.*  ☺ ☺ ☹

**2** **Für welches Hobby interessierst du dich? Mit welchem Thema beschäftigst du dich gern? Über welches Thema weißt du viel? Schreib drei Sätze.**

*Ich interessiere mich für ...* _____

_____

*Ich kann Interesse ausdrücken.*  ☺ ☺ ☹

**3** **Was hat Tim wann wo gemacht?**

_____

_____

*Ich kann Zeit- und Ortsangaben machen.*  ☺ ☺ ☹

> Montag:
> bei Luisa frühstücken

**4** **Ein Bücherbus – was ist das? Was kann man da machen?**

_____

_____

*Ich kann ein Projekt beschreiben.*  ☺ ☺ ☹

**5** **Ergänze. Schreib Antworten und Fragen.**

1. ◆ Seit wann gehst du zur Schule?

   ● _____

2. ◆ Wie lange lernst du schon Deutsch?

   ● _____

3. ◆ Seit wann wohnst du hier?

   ● _____

4. ■ _____

   ▲ Seit einer Woche.

5. ■ _____

   ▲ Seit sieben Jahren.

6. ■ _____

   ▲ Seit einem halben Jahr.

*Ich kann einen Zeitpunkt oder Zeitraum angeben.*  ☺ ☺ ☹

## Kursbuch, Lektion 28, Aufgabe 6

**A** **Wie finden die Personen die Gegenstände? Sprich mit deiner Partnerin / deinem Partner und ergänze die Tabelle.**

A: Wie findet Sofie das Portemonnaie?
B: Es gefällt ihr gar nicht.

☺ ☺   sehr gut
☺   ganz gut
☹   nicht so besonders
☹ ☹   gar nicht

| | Sofie | Anna und Luisa | Tim | Jonas |
|---|---|---|---|---|
| das Portemonnaie | | ☺ ☺ | ☹ | |
| der Rucksack | ☺ | ☹ | | ☺ |
| das Moped | ☺ | | ☺ ☺ | |
| die Schuhe | | | ☺ | ☹ ☹ |
| die Kamera | | | ☺ ☺ | |
| die Ohrringe | ☹ ☹ | | | ☺ ☺ |

**A** Lies die Texte von A laut vor. Deine Partnerin / Dein Partner liest die Texte von B vor.
Ergänze die fehlenden Wörter.

# Jonas' Song

**A**

Ich gehe noch zur Schule und das ist mein Problem.
Wisst ihr, was ich meine und könnt ihr das versteh'n?
Ich muss die neunte Klasse schaffen, das ist echt kein Spiel.
Und ein Jahr hab ich noch – das ist für mich zu viel!

**A**

*Du bist genervt, du fühlst dich cool, willst deine Wege geh'n.*
*Doch „weißt du nichts, dann bist du nichts", das musst du auch mal seh'n!*
**B**
*Du bist doch nicht alleine, Mann! Wir sind ja auch noch _____!*
*_____ schaffen wir das leicht, das ist doch sonnenklar!*

**B**

Ich hass' die blöde Schule und ich sag euch auch, _____.
Goethe lesen, Aufsatz schreiben – das find' ich so dumm!
Die stundenlangen Hausaufgaben nerven mich _____.
Jeden Morgen aufstehen – ich hab ja keine Wahl!

**A + B**
*Du bist …*

**A**

Und morgen hab ich wieder den doofen Unterricht,
Mist, ich glaube wirklich, morgen schaffe ich es nicht!
**B**
Ich lieb' die großen Ferien, doch die sind schnell vorbei!
Bis Juli ist noch Schule – und jetzt ist ja erst _____.

**A + B**
*Du bist …*

Hört den Song noch einmal (Audio-CD zum Kursbuch, Track 06).
Lest und sprecht mit (Gruppe A und Gruppe B).

## Kursbuch, Lektion 28, Aufgabe 6

**B**

**Wie finden die Personen die Gegenstände?
Sprich mit deiner Partnerin / deinem Partner
und ergänze die Tabelle.**

B:  Wie findet Tim das Portemonnaie?
A:  Es gefällt ihm nicht so besonders.

| | Sofie | Anna und Luisa | Tim | Jonas |
|---|---|---|---|---|
| das Portemonnaie | ☹ ☹ | | | ☺ |
| der Rucksack | | | ☺ ☺ | |
| das Moped | | ☺ | | ☺ ☺ |
| die Schuhe | ☺ ☺ | | ☹ | |
| die Kamera | ☹ ☹ | ☺ ☺ | | ☹ |
| die Ohrringe | | | ☺ | ☹ |

**B** Lies die Texte von B laut vor. Deine Partnerin / Dein Partner liest die Texte von A vor. Ergänze die fehlenden Wörter.

# Jonas' Song

**A**

Ich gehe noch zur Schule und das ist mein _____.
Wisst ihr, was ich meine und könnt ihr das versteh'n?
Ich muss die neunte Klasse schaffen, das ist echt kein Spiel.
Und ein Jahr hab ich noch – das ist für mich zu _____.

**A**

*Du bist genervt, du fühlst dich _____, willst deine Wege geh'n.*
*Doch „weißt du nichts, dann _____ du nichts", das musst du auch mal seh'n!*
**B**

*Du bist doch nicht alleine, Mann! Wir sind ja auch noch da!*
*Zusammen schaffen wir das leicht, das ist doch sonnenklar!*

**B**

Ich hass' die blöde Schule und ich sag euch auch, warum.
Goethe lesen, Aufsatz schreiben – das find' ich so dumm!
Die stundenlangen Hausaufgaben nerven mich total.
Jeden Morgen aufstehen – ich hab ja keine Wahl!

**A + B**
*Du bist …*

**A**

Und morgen hab ich wieder den doofen Unterricht,
Mist, ich glaube wirklich, morgen schaffe ich es _____!
**B**

Ich lieb' die großen Ferien, doch die sind schnell vorbei!
Bis Juli ist noch Schule – und jetzt ist ja erst Mai.

**A + B**
*Du bist …*

Hört den Song noch einmal (Audio-CD zum Kursbuch, Track 06).
Lest und sprecht mit (Gruppe A und Gruppe B).

# Unregelmäßige Verben

| Infinitiv | Präsens er/es/sie | Perfekt er/es/sie |
|---|---|---|
| ab\|schließen | schließt ab | hat abgeschlossen |
| an\|bieten | bietet an | hat angeboten |
| an\|fangen | fängt an | hat angefangen |
| an\|rufen | ruft an | hat angerufen |
| an\|ziehen | zieht an | hat angezogen |
| backen | bäckt/backt | hat gebacken |
| behalten | behält | hat behalten |
| bekommen | bekommt | hat bekommen |
| bieten | bietet | hat geboten |
| bleiben | bleibt | ist geblieben |
| bringen | bringt | hat gebracht |
| denken | denkt | hat gedacht |
| dürfen | darf | hat gedurft/dürfen |
| ein\|laden | lädt ein | hat eingeladen |
| essen | isst | hat gegessen |
| fahren | fährt | ist gefahren |
| finden | findet | hat gefunden |
| fliegen | fliegt | ist geflogen |
| geben | gibt | hat gegeben |
| gefallen | gefällt | hat gefallen |
| gehen | geht | ist gegangen |
| gewinnen | gewinnt | hat gewonnen |
| haben | hat | hat gehabt |
| hängen | hängt | hat gehangen |
| heißen | heißt | hat geheißen |
| helfen | hilft | hat geholfen |
| herunter\|laden | lädt herunter | hat heruntergeladen |
| kennen | kennt | hat gekannt |
| kommen | kommt | ist gekommen |
| können | kann | hat gekonnt |
| laufen | läuft | ist gelaufen |
| leihen | leiht | hat geliehen |
| lesen | liest | hat gelesen |
| liegen | liegt | hat/ist* gelegen |
| mögen | mag | hat gemocht |
| müssen | muss | hat gemusst |

* Variante in Süddeutschland, Österreich und der Schweiz

**Wie heißt das Verb in deiner Sprache?**

# Unregelmäßige Verben

| Infinitiv | Präsens *er/es/sie* | Perfekt *er/es/sie* | * Variante in Süddeutschland, Österreich und der Schweiz **Wie heißt das Verb in deiner Sprache?** |
|---|---|---|---|
| nehmen | nimmt | hat genommen | |
| raten | rät | hat geraten | |
| reiten | reitet | hat/ist* geritten | |
| scheinen | scheint | hat geschienen | |
| schießen | schießt | hat geschossen | |
| schlafen | schläft | hat geschlafen | |
| schneiden | schneidet | hat geschnitten | |
| schreiben | schreibt | hat geschrieben | |
| schwimmen | schwimmt | ist geschwommen | |
| sehen | sieht | hat gesehen | |
| sein | ist | ist gewesen | |
| singen | singt | hat gesungen | |
| sitzen | sitzt | hat gesessen | |
| springen | springt | ist gesprungen | |
| sprechen | spricht | hat gesprochen | |
| sollen | soll | hat gesollt/sollen | |
| stehen | steht | hat/ist* gestanden | |
| stehlen | stiehlt | hat gestohlen | |
| streiten | streitet | hat gestritten | |
| tragen | trägt | hat getragen | |
| treffen | trifft | hat getroffen | |
| trinken | trinkt | hat getrunken | |
| tun | tut | hat getan | |
| um\|steigen | steigt um | ist umgestiegen | |
| um\|ziehen | zieht um | ist umgezogen | |
| vergessen | vergisst | hat vergessen | |
| verlieren | verliert | hat verloren | |
| verstehen | versteht | hat verstanden | |
| vor\|schlagen | schlägt vor | hat vorgeschlagen | |
| werden | wird | ist geworden | |
| werfen | wirft | hat geworfen | |
| wiegen | wiegt | hat gewogen | |
| wissen | weiß | hat gewusst | |
| wollen | will | hat gewollt | |

# Aussprache-Tabelle

| | Aussprache-Variante 1 | | | | Aussprache-Variante 2 | | |
|---|---|---|---|---|---|---|---|
| | Buchstaben | Laute | Beispiele | | Buchstaben | Laute | Beispiele |
| a | a · aa · ah | [aː] | Abend · Haar · fahren | | a | [a] | wann, lang, was |
| | ä · äh | [ɛː] | spät, Mädchen · erzählen | | ä | [ɛ] | März, Ärztin, Städte |
| | ai | [aɪ] | Mai | | | | |
| | au | [au] | kaufen, Frau, laufen | | | | |
| | äu | [ɔy] | aufräumen | | | | |
| b | b · bb | [b] | bitte, bleiben · Hobby | | -b | [p] | Klub, ab\|fahren, ab\|holen |
| c | c · ck | [k] | Computer · Block, Hockey | | | | |
| | ch | [ç] | ich, möchte, Bücher, nächster | | ch | [x] | Ach!, auch, kochen, acht |
| | -chs | [ks] | sechs | | | | |
| d | d | [d] | Dank, Stunde, hundert, Ende | | -d · dt | [t] | Fahrrad, bald · Stadt |
| e | e · ee · eh | [eː] | Februar · Tee · sehr, zehn | | e | [ɛ] | gern, Schwester, lernen |
| | -e · -en | [ə] | bitte · hören | | | | |
| | ei | [aɪ] | Freitag, Reis, klein | | | | |
| | eu | [ɔy] | heute, Deutsch, neu | | | | |
| f | f · ff | [f] | kaufen, fahren · Schiff, treffen | | | | |
| g | g · gg | [g] | Geld, Tage · Reggae | | -g | [k] | Tag, Mittag\|essen |
| | -ig | [ɪç] | richtig, zwanzig, fertig | | | | |
| h | h | [h] | heute, Heft, ab\|holen | | -h- | — | sehen, ruhig |
| i | i · ie | [iː] | Kino, ihr · spielen, lieben | | i | [ɪ] | ich, Kinderzimmer |
| j | j | [j] | ja, Junge, Jacke | | j | [dʒ] | Jeans |
| k | k | [k] | Kaffee, kalt, Katze | | | | |
| l | l · ll | [l] | lesen · allein, toll, alle | | | | |
| m | m · mm | [m] | Musik, Name · kommen, sammeln | | | | |
| n | n · nn | [n] | neu, man · können | | | | |
| | ng | [ŋ] | singen, Wohnung | | nk | [ŋk] | Dank, trinken, Treffpunkt |
| o | o · oo · oh | [oː] | schon · doof · wohnen, ohne | | o | [ɔ] | kochen, Sonntag |
| | ö | [øː] | mögen, hören | | ö | [œ] | können, möchten, zwölf |
| p | p · pp | [p] | Prinzessin, April · Suppe | | ph | [f] | Physik |
| q | qu | [kv] | Quiz, Quatsch | | | | |
| r | r · rr | [r] | Reis · April, Gitarre | | r | [ɐ] | aber, klettern |
| s | s · ss · ß | [s] | das · Wasser · weiß, Großeltern | | s | [z] | Samstag, Musik |
| | sch · s(p) · s(t) | [ʃ] | schreiben · sprechen · stehen | | | | |
| t | t · tt | [t] | Tante · Surfbrett | | | | |
| | tz | [ts] | Spitzer, Katze, Platz | | tion | [ts] | Information, international |
| u | u · uh | [uː] | Musik · Uhr | | u | [ʊ] | muss, Mutter |
| | ü · üh | [yː] | Tüte · Frühling, Frühstück | | ü | [ʏ] | München, Glück |
| v | v | [f] | vier, Vater, viel | | v | [v] | Volleyball, November |
| w | w | [v] | wer, wenig | | | | |
| x | x | [ks] | Saxofon, Text | | | | |
| y | y | [ʏ] | Ägypten | | y | [i] | Handy |
| z | z · zz | [ts] | Zeit, zehn · Pizza | | | | |

# Lösungen

## Das kannst du jetzt – Modul 10, S. 32

*Mögliche Lösungen:*

**1** Entschuldigung, gehört Ihnen die Tüte? / Entschuldigung, Sie haben Ihre Tüte vergessen. / Entschuldigung, ist das Ihre Tüte?

**2a** Entschuldigung, ich kann leider nicht kommen. Tut mir wirklich leid.

**b** ☺ Kein Problem! / Das macht doch nichts. / Schon okay.
☹ Das finde ich nicht so toll..

**3** ◆ Können wir bitte bestellen? Ich hätte gern ein Stück Kuchen und eine Cola.
▲ Und ich hätte gern zwei Kugeln Eis: Vanille und Schokolade.

**4** Mach doch ein Praktikum beim Radio! Du kannst ja mal anrufen oder eine Bewerbung schreiben.

**5** Erzähl doch mal!

**6** Meistens waren die Kinder sehr nett und Paul hat mit ihnen gespielt. Manchmal durfte er mit den Kindern Musik machen. Manchmal musste er sehr früh aufstehen. Eigentlich war er sehr zufrieden mit seinem Praktikum.

## Das kannst du jetzt – Modul 11, S. 59

*Mögliche Lösungen:*

**1** Er hat Fieber: Wenn du Fieber hast, dann musst du im Bett bleiben.
Er versteht Mathe nicht: Wenn du Mathe nicht versteht, dann kann ich dir helfen.

**2** Das tut mir so leid! / So ein Pech! / Sei doch nicht traurig.

**3** Ich hätte gern ein neues Fahrrad. / Ich möchte gern einen modernen Computer.

**4** Wir könnten ein Picknick machen. / Wir könnten ins Schwimmbad gehen. / Wir könnten einen Ausflug machen.

**5a** Könnte ich bitte mit meinen Eltern skypen? / Könnte ich bitte einen Stadtplan haben? / Könnte ich vielleicht ein Glas Wasser haben?

**b** Wie bitte? Entschuldigung, du sprichst so schnell. Kannst du bitte langsam und deutlich sprechen? / Tut mir leid, ich verstehe dich nicht.

## Das kannst du jetzt – Modul 12, S. 86

*Mögliche Lösungen:*

**1** ■ Es sind Wolken am Himmel und es ist windig.
▲ Im Juni ist es warm und die Sonne scheint.

**2** Ich interessiere mich für Musik. / Ich weiß viel über deutsche Musik. / Ich beschäftige mich mit Biologie.

**3** Tim hat am Sonntag bei Luisa gefrühstückt.

**4** Ein Bücherbus ist ein Bus mit einem Bücherregal. Man kann im Bus lesen und Bücher mit nach Hause nehmen.

**5** 1. ◆ Seit wann gehst du zur Schule?
● Seit sieben Jahren.
2. ◆ Wie lange lernst du schon Deutsch?
● Seit zwei Jahren.
3. ◆ Seit wann wohnst du hier?
● Seit 2010.
4. ■ Seit wann gibt es den Bücherbus?
▲ Seit einer Woche.
5. ■ Seit wann gibt es den Tausch-Flohmarkt?
▲ Seit sieben Jahren.
6. ■ Seit wann gibt es den Bastel-Blog?
▲ Seit einem halben Jahr.

**Cover:** © Hueber Verlag/Bernhard Haselbeck
**Seite 3:** Weltkugel © fotolia/ag visuell
**Seite 6:** A © Thinkstock/iStock/hjalmeida; B © Thinkstock/Goodshoot; C © Thinkstock/iStock/dnberty
**Seite 7:** links © Thinkstock/iStock/gkrphoto; A © fotolia/siwi1; B © Thinkstock/Stockbyte; C © Thinkstock/iStock/goce; D © Thinkstock/iStock/KhaoYaiBoy
**Seite 12:** Weltkugel © fotolia/ag visuell; Turm © PantherMedia
**Seite 13:** Weltkugel © fotolia/ag visuell
**Seite 14:** Eis © Thinkstock/iStock/Thomas Perkins; Eiskaffee © Thinkstock/iStock/jocic
**Seite 15:** © Thinkstock/iStock/CandyBoxImages
**Seite 16:** © Thinkstock/iStock/shelma1
**Seite 17:** Ü10: 1 © iStockphoto/kariika; 2 © Thinkstock/iStock/dziewul; 3 © Thinkstock/iStock/Fodor90; 4 © Thinkstock/iStock/jamesjames2541; 5 © Shotshop.com/Heike Brauer; Ü11a © Thinkstock/Polka Dot/Polka Dot Image; Ü12: © Thinkstock/iStock
**Seite 18:** Ü15 © Thinkstock/Fuse
**Seite 20:** © iStockphoto/redmal
**Seite 21:** Mütze, Sweatshirt © kickz.com; Schal © Thinkstock/iStock/belchonock; Gürtel © Thinkstock/iStock/gongzstudio; Leggings © fotolia/Liaurinko; Stiefel © Thinkstock/iStock/ronstik; Weltkugel © fotolia/ag visuell; kariert © Thinkstock/iStock/jamesjames2541; bunt © Shotshop.com/Heike Brauer; gestreift © iStockphoto/kariika
**Seite 23:** Ü4: oben © Thinkstock/Stockbyte/altrendo images; 1 © fotolia/Richard Villalon; 2 © Thinkstock/iStock/gemenacom; 3 © fotolia/PhotoArt by Kathy; 4 © Thinkstock/iStock/Fodor90; 5 © Thinkstock/iStock/khvost; 6 © Thinkstock/iStock/iJacky; 7 © Thinkstock/iStock/Lalouetto; 8 © Thinkstock/Hermera/Evgeniy Pavlenko; 9 © Thinkstock/iStock/Bet_Noire; 10 © Thinkstock/iStock/Digital Paws Inc.; 11 © Thinkstock/iStock/vblinov; 12 © iStockphoto; Ü6 von oben: © Thinkstock/iStock/Baluchis; © Thinkstock/iStock/ChrisGorgio; © Thinkstock/iStock/AlinaMD
**Seite 25:** A © Thinkstock/iStock/suttisukmek; B © Thinkstock/iStock/Brian Jackson; C © fotolia/Monkey Business; D © Thinkstock/Fuse; E © Thinkstock/Stockbyte/Thinkstock
**Seite 26:** © Thinkstock/iStock/Henri Ensio
**Seite 28:** Bäckerei © Thinkstock/iStock; Friseur © Thinkstock/moodboard; Büro © Thinkstock/iStock/Teun van den Dries; Kinder © Thinkstock/iStock/SerrNovik; Sport © iStockphoto/Anna Bryukhanova
**Seite 29:** Weltkugel © fotolia/ag visuell; Informatiker, Ärztin © Thinkstock/iStock; Künstlerin © fotolia/Diego Cervo 2012; Politikerin, Model © Thinkstock/Getty Images News; Architekt © Thinkstock/Goodshoot; Hausmann, Tänzerin © Thinkstock/iStockphoto; Trainer © Thinkstock/Getty Images/Jupiterimages; Professor © iStockphoto/Viorika; Schauspielerin © Thinkstock/Getty Images Entertainment; Lehrer © fotolia/tiero; Koch © Thinkstock/Photos.com/Jupiterimages; Sekretärin © Thinkstock/Hemera
**Seite 30:** © Thinkstock/Wavebreakmedia Ltd
**Seite 31:** Ü2a © Thinkstock/iStock/waeske; Ü3a © Thinkstock/iStock/SoberP
**Seite 32:** Ü3 von oben: © Thinkstock/iStockphoto; © Thinkstock/Hemera; © iStockphoto/redmal; Ü4 © Thinkstock/iStock/AlexRaths; Ü6 © Hueber Verlag/Florian Bachmeier
**Seite 37:** © Thinkstock/Fuse
**Seite 38:** © Thinkstock/iStock/VioletaStoimenova
**Seite 39:** Top © fotolia/BEAUTYofLIFE; Wasserflasche © fotolia/Sean M; Monatskarte © Hueber Verlag/Britta Meier; Schuhe © Thinkstock/PhotoObjects.net/Hemera Technologies; Duschgel © Thinkstock/iStock/Mustello; Handtuch © Thinkstock/Stockbyte; Weltkugel © fotolia/ag visuell; Tabletten © Thinkstock/iStock/hatchapong
**Seite 40:** Weltkugel © fotolia/ag visuell; Müllcontainer © Thinkstock/iStock/arogant
**Seite 41:** 1 © Thinkstock/iStock/sunstock; 2 © Thinkstock/iStock/Eric Isselée; 3, 5, 6 © Thinkstock/iStock/GlobalP; 4 © Thinkstock/iStock/Eric IsselTe

**Seite 43:** © iStockphoto/TomAF
**Seite 44:** © Thinkstock/iStock/yogesh_more
**Seite 47:** Weltkugel © fotolia/ag visuell; Joker © Thinkstock/iStock/Jiripravda; Kobra © Thinkstock/iStock/sunstock; Möbel © Thinkstock/Hemera/Paolo De santis
**Seite 48:** Weltkugel © fotolia/ag visuell; Boot © Thinkstock/PhotoObjects.net/Hemera Technologies; Lautsprecher © Thinkstock/iStock/mjbs; Lotto © Thinkstock/iStock/PeJo29; Bett © Thinkstock/iStock/Andriy Bandurenko; Sessel © Thinkstock/iStock/Baloncici; Teppich © Thinkstock/iStock/Matteo De Stefano; Stuhl © Thinkstock/spoon/amanaimages; Spiegel © iStockphoto/catnap72; Sofa © iStockphoto/stphillips; Tisch © Thinkstock/Hemera/Margo Harrison; Schrank © iStockphoto/scibak; Kühlschrank © Thinkstock/iStockphoto/Al Parrish; Regal © Thinkstock/iStockphoto
**Seite 49:** A © Thinkstock/Fuse; B © Thinkstock/iStock/Horsche; C © Thinkstock/Wavebreakmedia Ltd; D © Thinkstock/Photodisc/Digital Vision
**Seite 50:** Pikto © fotolia/artcop; A, C © Thinkstock/iStock; B © Thinkstock/Hemera/Roxana Gonzalez; D © Thinkstock/Stockbyte/George Doyle; E © Thinkstock/TongRo Images; F © Thinkstock/Wavebreakmedia Ltd
**Seite 52:** von links: © Thinkstock/Ingram Publishing; © iStockphoto; 2 x © iStockphoto/sumnersgraphicsinc; © fotolia/bildidee.net
**Seite 55:** Frisbee © Thinkstock/iStock/Judi Parkinson; Decke © Thinkstock/iStock/Aeshna21; Weltkugel © fotolia/ag visuell
**Seite 56:** See © iStockphoto/ronaldino3001; Picknick © Thinkstock/iStock/Horsche; angeln © Thinkstock/Pixland; Decke © Thinkstock/iStock/Aeshna21; schwimmen © Thinkstock/Fuse; Volleyball © Thinkstock/iStock/omgimages; Wald © Thinkstock/Ingram Publishing; Insel, Fluss © Thinkstock/iStockphoto; Meer © fotolia/Andreas Fischer; Stadt © fotolia/peresanz
**Seite 57:** Klavier © fotolia/Irina Schmidt; Chor © Thinkstock/Fuse; Konzert © Thinkstock/iStock/lucagavagna
**Seite 58:** © Thinkstock/iStock/omgimages
**Seite 59:** Ü2 © Thinkstock/iStock/Dejan Jovanovic; Ü3 © fotolia/by-studio; Ü5b © Thinkstock/iStock/Vmelinda
**Seite 62:** Ü7: A - D © fotolia/Bastetamon; Kompass © Thinkstock/iStock/Kreatiw; Karte © Digital Wisdom
**Seite 66:** Sonnenfinsternis © Thinkstock/iStock/julichka; Wetter, Thermometer © fotolia/Bastetamon; Kompass © Thinkstock/iStock/Kreatiw; Weltkugel © fotolia/ag visuell
**Seite 67:** Weltkugel © fotolia/ag visuell; Bus © fotolia/Olga D. van de Veer; Straßenbahn © fotolia/Eric Gevaert; Zug © fotolia/Wolfgang Jargstorff; Auto © PantherMedia/Jacek Tarczyński; U-Bahn © Thinkstock/Hemera
**Seite 68:** © Thinkstock/liquidlibrary
**Seite 69:** © Thinkstock/iStock
**Seite 70:** © Thinkstock/iStock
**Seite 72:** Gruppe © Thinkstock/iStock; Brett-Spiel © fotolia/Elena Schweitzer
**Seite 73:** Ü16: A, B, C © Thinkstock/iStock; D © Thinkstock/iStock/hywit dimyadi; Ü18: A © fotolia/Gina Sanders; B, D © Thinkstock/iStock; C © Thinkstock/Hemera
**Seite 74:** Umweltschutz © Thinkstock/iStock/yganko; Dose © Thinkstock/iStockphoto; Zeitungsständer © Hueber Verlag/Matthias Kraus; Nase putzen © Thinkstock/Wavebreakmedia Ltd
**Seite 75:** Weltkugel © fotolia/ag visuell; lockig, Stifte © fotolia/lu-photo; Badminton © fotolia/by-studio; Sitzsack © fotolia/okinawakasawa
**Seite 76:** A © Thinkstock/iStock/AKodisinghe; B © Thinkstock/Pixland/Jupiterimages; C © Thinkstock/Photodisc/Ryan McVay; D, E, K © Thinkstock/moodboard; F © PantherMedia/Andres Rodriguez; G © Thinkstock/iStock/Ikonoklast_Fotografie; H © Thinkstock/iStock/Luca Francesco Giovanni Bertolli; I © Thinkstock/iStock/leaf; J © Thinkstock/Getty Images Entertainment; L © Thinkstock/iStock/Dasz

# Quellenverzeichnis

Seite 77: von oben: © Thinkstock/iStock/HitToon; © Thinkstock/iStock/Pazhyna; © iStockphoto/tambolbee; © Thinkstock/iStock/ma_rish

Seite 78: © Thinkstock/iStock/Anatoliy Samara

Seite 80: Kino © Thinkstock/iStockphoto; M. Neuer © Glow Images/uwe kraft

Seite 82: Wissenschaftlerin © Thinkstock/iStock/Dasz; Schriftstellerin © Thinkstock/Photodisc/Ryan McVay; Sportler © Thinkstock/Pixland/Jupiterimages; Musiker © Thinkstock/iStock; Weltkugel © fotolia/ag visuell; Medaille © Thinkstock/iStock/Simon Derviller

Seite 83: Flaggen © Thinkstock/Hemera

Seite 84: beide © Thinkstock/iStock

Seite 85: Ü2: 1: A, B, C © Thinkstock/iStock; 2: A © Thinkstock/Pixland; B © jupiterimages/Photoconcepts/Frank and Helena; C © Thinkstock/iStock; 3: A © Thinkstock/iStock; B © PantherMedia/Andres Rodriguez; C © Thinkstock/Photos.com/Jupiterimages; 4: A © Thinkstock/Stockbyte; B © Thinkstock/iStock; C © fotolia/lu-photo

Seite 86: © fotolia/Alexander Oshvintsev

Seite 87: von oben: © Thinkstock/iStock; © Thinkstock/iStock/ekinyalgin; © fotolia/Sahara Nature; © fotolia/matka_Wariatka; © Thinkstock/iStock/PaoloFrangiolli; © Thinkstock/Hemera

Seite 89: von oben: © Thinkstock/iStock; © Thinkstock/iStock/ekinyalgin; © fotolia/Sahara Nature; © fotolia/matka_Wariatka; © Thinkstock/iStock/PaoloFrangiolli; © Thinkstock/Hemera

Alle übrigen Fotos: © Hueber Verlag/Alexander Keller